苏志燮

陪你每一天

韩国 51K 企划

王品涵 译

北京联合出版公司
Beijing United Publishing Co.,Ltd.

好久不见。

居然已经过了长达七年之久，我自己也吓了一跳。
读着以前的文章，才发现这里留着许多连自己都早已遗忘的瞬间：
翻着过往的有些害羞情绪的日记，
以及那些与大家一起感到内心沸腾的时光。

一点一滴的回忆，并没有随着时间流逝成为过去，
而是变成我们之间一份珍贵的礼物，紧紧地系在你我的内心一隅。

虽然仅是一些短短的文字，却能集结成一本别具意义的书，
这一切全都要归功于各位对我的每一个瞬间都如此珍而重之的爱。

谢谢大家这么珍惜我的日常、我的故事。
希望能在往后的日子里，和我的影迷们一起创造更多的回忆……

——苏志燮 2015.5

오랜만입니다

7년이나 지나서 저도 깜짝 놀랐습니다.
지난 글들을 읽어 보니 이곳에는 저도 잊고 있던 순간들이 많더군요.
옛날 일기를 들춰 보듯 조금 부끄러운 순간도,
여러분과 함께 한 가슴 벅찬 시간도 있었습니다.

이 모든 추억이 차곡차곡 모여 과거로 흘러가 버리는 시간이 아닌,
우리 모두에게 소중한선물이 되었으면 하는 마음으로 한데 엮어 보았습니다.

한낱 작은 글들이 나름 의미 있는 한 권의 책으로 탄생한 것은
저의 매 순간을 소중히 여겨 주신 여러분의 사랑 덕분이겠지요.

저의 일상을,
 저의 이야기를 아껴 주셔서 감사합니다.

앞으로도 팬 여러분과 더 많은 추억을 쌓아 갈 수 있기를 바랍니다.

──**2015년 5월 소지섭**

目　录

卷 1　原动力——电影就是电影　/ 001

卷 2　凝视——该隐与亚伯　/ 029

卷 3　笑着再见——一号国道　/ 065

卷 4　花开——只有你　/ 097

卷 5　脚印——幽灵　/ 135

卷 6　好久不见——主君的太阳　/ 167

卷 7　悠长假期　/ 197

编按：

① 本书集结"SOJISUB MOBILE"在日本2008—2015年发布的手
　 机日记。

② 因应时间顺序内容做适度删修与调整。

③ 碍于发布当时手机模式的图像大小，现制作成印刷品，部分呈现
　 方式受到限制，敬请见谅。

④ 许多发布的照片保留印有51K字样。

⑤ 若有其他不妥之处，敬请提出关注与爱护。

原动力

——电影就是电影

ji sub 2008

手机日记

"苏志燮的手机日记"终于启动了，为此，工作人员的Blog也跟着动了起来。为了让大家能够更加贴近苏志燮，我们一定会尽力更新第一手消息，也请大家多多指教！

ji Sub x Mobile

《So Jisub in夜叉》DVD发行

《鬼太郎：千年咒歌》终于要在明天公开了！一方面很开心可以听到大家的感想，另一方面又不安于不知道大家究竟能不能接受志燮的全新挑战，工作人员个个都迫不及待！想必志燮今天晚上应该也很难入睡吧！

今天发售的《So Jisub in夜叉》正巧能够当作电影上映的前夜祭，当中除了呈现志燮在拍摄期间自然不做作的模样之外，还有主角们努儿拍摄的样子以及工作人员帅气的一面，让大家看了之后，绝对会更想进场观赏这部电影。"日本的夏天，咯咯咯的夏天，夜叉的夏天"即将到来了！

《鬼太郎：千年咒歌》现正上映！

听说电影上映前一晚，志燮睡得不是太好。上映第一天，他向经纪人打电话询问电影院的情况，一听到经纪人转达电影院的女孩们都说电影"很~可怕"时，志燮似乎有些满意（？）。也是啦，拍摄这部电影期间，志燮每当完成特殊化装后，就会猛然靠向工作人员问道："可怕吗？"听到"是的，很可怕"的答案，他总是开心得不得了。事实上，笑容满面地问着"可怕吗？"的志燮，根本一点儿都不可怕（不，其实在某种层面上还是蛮可怕的！），想必他是一心想要扮演好这个角色，让电影呈现出最好的效果吧。我们会将大家对电影和夜叉的感想，一字不漏地转达给志燮；听到大家热情支持夜叉，志燮本人也感到很安心。对志燮而言，影迷的每一个想法，都能成为他强大的自信和鼓励。

今天的志燮 @ 韩国

近日炎热的天气持续发烧中！

听说韩国同样艳阳高照，热到不行。

早上六点半，抵达摄影现场——海边；等待潮水退去后，才开始进行拍摄工作。

这是补拍和姜至奂一起在沙滩滚得满身泥泞的场景。虽说是"补拍"，可是今天的摄影工作却相当困难，就连志燮也意识到这将会是一场体罚似的拍摄工作。（就算在拍摄期间，发生了手掌受伤的意外，志燮也是随即在现场治疗后，便立刻重回拍摄岗位。果然是演员魂啊！）

昨天的志燮 @ 韩国

最近总觉得好像从白天开始就到处都是学生了，看着那些快乐的孩子，今天的自己也要好好用心工作了。

志燮昨天在韩国的摄影棚内拍摄了《电影就是电影》*的海报，从早上十点开工，午餐吃了一些招待的餐点，稍作休息，紧接着又继续拍摄，到了下午总算完成了拍摄工作。

先前已经公开了和姜至奂一起在沙滩拍摄的浑身泥泞的海报，昨天拍摄好的照片，又会变成什么样的海报呢？请大家拭目以待！

提到拍摄海报期间的志燮模样，由于首尔现在的温度一点儿也不亚于各地的酷热，因此出现了"某种"情况，那就是即使在室内摄影棚里，也丝毫感觉不到减缓的热气，这让志燮的汗水总是流个不停；虽然大家从志燮在见面会或舞台上和各位见面时，都已经知道志燮的汗不是"开玩笑"的，不过，昨天他流的汗，也绝对不是"开玩笑"的呢！

完全不用怀疑，新陈代谢一定很好。当中有一名工作人员感叹："我也好想要摄取水分，水分就会往体外排出，而不是积累在身体里哦……"不过志燮向来就跟"喝水就会变胖的体质"扯不上任何关系吧！看看那任谁都赞许的完美体态，真令人羡慕(>_<)虽然最后这样讲可能转得有点儿硬，但是志燮今天过得很好哦！希望大家也能身体健康，和志燮一起克服炎热的夏天吧！

*编注：《电影就是电影》（韩文原名：영화는 영화다），又译《无间道之杀手游戏》。

今天的志燮……

连日来为了《电影就是电影》接受采访的志燮，即便要熬夜工作，也不忘赴早就和朋友们说好的高尔夫球之约。（这一场"绅士运动"当然不能取消；对于性格耿直的志燮来说，更是如此。）

高尔夫球，似乎是志燮最近深感着迷的东西之一，至于打得如何？因为没有其他人同行，唯有隔天经纪人向他询问成绩时，志燮以"嗯"作为回答，这个答案代表着什么样的意义……就交给各位去想象吧。(^_^;)

在猛烈的阳光下，进行拍摄工作和打高尔夫球后，志燮被晒得很黝黑。不知道是不是因为这个原因（？），志燮的脸看起来比平常要更小了。晚上十一点到凌晨一点左右的拍摄，听说志燮"更加"显小的脸，已经到了不可思议的程度！没办法想象究竟变成了什么样子，大概也只能从电影中找答案了。照片是在移动中的车内观看访问内容的模样，咔嚓！

2008-08-13

主演音乐录影带

各大媒体已经报道了《电影就是电影》制作发表会。访谈中，志燮始终保持笑容，好像是真的感到相当有趣似的。今天也是志燮参演的音乐录影带《孤独的人生》发行日。为了纪念今天诞生的新品牌"G"，第一步就是公开志燮主演的MV，之后想必会成为更多化妆师参与、表演的厉害计划。现在可以确认的是：志燮主演的三部曲！

照片是志燮在拍摄MV《孤独的人生》时所拍下的。大家从这张照片发现了什么吗？没错，志燮的手臂比以前变得更加壮硕了。向经纪人询问了志燮到底做了多少运动，才知道原来他并不是每天都做运动，但只要进了健身房，就会扎实地做足两个小时的锻炼。上过健身房的人，很清楚锻炼两个小时，是真的很累……还有每天都得进行锻炼，才有办法完成惊人的"二头肌型"！工作人员时时都对志燮那完美无瑕的肌肉赞叹不已。

今天的志燮

应该有很多人都已经知道了，今天将会举办《电影就是电影》的相关人员试映会。志燮今天身着黑色西装、白色衬衫搭配黑色领带。不知道是不是因为紧张，听说志燮一直在喝水，想必也会如常地疯狂流汗吧。从一大早就开始接受各家媒体采访的志燮，虽然今天很忙，但是在下午四点左右便结束了媒体试映会，应该还有一些时间可以稍微休息一下，可别累坏身体了。

8／27《电影就是电影》相关人员试映会结束后，志燮留下了评论。

SOJISUB MOBILE

2008-08-27

昨天陷入了久违的"无法自拔的兴奋"状态!

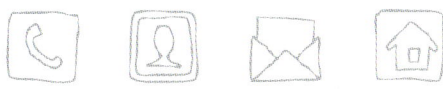

正式访日的原因

志燮成为第25届"Best Jeans Award"（2008）的国际部门得奖者！

这次的颁奖典礼，志燮的样子将会出现在日本各地的电视转播里，预计停留在日本期间，也会接受各家杂志的访问。《鬼太郎：千年咒歌》之后，再度前往日本参加活动的志燮，一定会和全体工作人员一起为了下次能与更多影迷见面而努力的。

昨晚的志燮 @ 日本

昨天晚上抵达日本的志燮，在机场直接就展开会议，一转眼便已经是晚上九点了。由于韩方工作人员和志燮都还没有吃晚餐，当大家询问志燮想要吃什么的时候，他的答案是："荞麦面。"一行人就这么出发前往能容纳得下所有人的荞麦面店了。照片正是志燮第一次吃到的超大萝卜沙拉。当然，这不是一人份，不过或许是因为肚子真的很饿了吧，志燮可是吃了相当多的分量呢！用着精致的筷子吃着荞麦面，希望大家可以透过这张志燮手部特写的照片感受一下。吃完迟来的晚餐后，大家便在饭店宣布解散。希望志燮能够好好睡一觉，工作人员们也期许今天的颁奖典礼能够圆满成功，to be continued……

51K

SOJISUB MOBILE

2008-09-01

牛仔裤拥有无限的可能，以后也想这样穿。

今天的志燮 @ 日本

东京的天气从早晨开始便很晴朗，令人心情也跟着好了起来。一整天都在接受采访的志燮，听说如果想要应对繁忙的一天，一定要好好吃一顿早餐……志燮吃了日式早餐。菜单是饭加大酱汤、烤鱼以及某种上等食材。请大家猜猜那个"上等食材"是什么？照片中是以东京铁塔为背景坐着的志燮……正在休息中的模样。

★早餐小测验★

答案是"纳豆"。

因为是志燮喜欢的料理，想必对大家来说是个简单的问题吧。有一阵子，志燮被问到喜欢的料理是什么，他总是回答"腌梅子"，听说现在家里的冰箱已经被影迷们送去的腌梅子塞得满满的了。后来，又被问到喜欢的料理是什么时，他改成回答"纳豆"后，不知道家里的冰箱有没有又被纳豆塞满了呢？真是令人担心啊……不过志燮倒是表示没关系（笑）。志燮还在接受访问当中。希望今天晚上也能享用到美味的晚餐。

2008-09-03

昨天的志燮 @ 日本

今天的东京依然是有些炎热的晴朗。不久之前才出现过的暴雨和打雷，反倒显得有些不真实。

所有的工作人员都深深觉得志燮完全就是个"艳阳男"*。听说昨晚结束工作后，志燮吃了好吃的料理后才返回饭店。志燮一访日，Love Letter上的信息总是以倍数在增长，因此经纪人唯有一边发出喜悦的"哀号"，一边拼了命替他翻译；志燮每次回到房间后，都会仔细地阅读。大家的心意，都完完整整地传达给志燮了！而且听到早餐小测验在短短的时间内就涌进大量的回应，可是吓了志燮一大跳呢。

大家知不知道照片里的志燮正在做些什么？回到房间的志燮，正在看他的手机日记。有没有感觉到志燮就在各位身边，和大家一起看手机？顺带一提，这张照片是工作完毕后的休息时间&初次公开（？）的睡衣模样，听说这可是费尽千辛万苦才获得本人批准的。

*译注：艳阳男（晴れ男）：指每当外出时，总能让天气变得晴朗无比的男子。

2008-09-04

返国途中……

下午志燮已经平安返国了。在出发前拍下了这双白色运动鞋，
希望能够好好支撑着志燮的心情。

返国后，志燮马不停蹄地开始四处进行《电影就是电影》的宣传活动，工作人员丝
毫也不输志燮，拼了命地用心工作着。

2008-09-08

口信

志燮在访日行程中收到了相当多的Love Letter，谢谢大家！对于与日俱增的信
息，志燮表示相当惊讶和感谢，同时我们这些工作人员也对大家的热情，感谢万
分m(__)m，如同志燮所言，他期待着下次和大家见面的日子，也希望大家在再
见之前继续支持他。

51K

SOJISUB MOBILE

2008-09-08

好久没有来日本了，度过了一段很酷的时间。真的很谢谢大家，每当我来到日本时，大家总是能够热情迎接、给予支持。不久的将来，再见吧~谢谢。

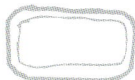

昨晚的舞台招呼 @ 首尔

昨晚在台上和大家见面时模样笑眯眯的志燮，看来很享受在台上和大家见面哦！此外，这样在台上和大家见面的活动，今天有六次，明天有九次，星期日有十二次，星期一有十！二！次！还真是令人眼花缭乱的行程表啊！请好好留意自己的身体健康，加油！

首尔闹市区到处都有着吸引目光的《电影就是电影》海报。从右边看、从左边看，都是志燮担纲演出的流氓模样。今天的志燮从早上便开始接受访问，眼前还有六场和大家见面的活动。真是硬到不行的行程啊……还有来自日本的支持。加油！

Rough Cut
Curtain Call - ☆

이가 놈이 주인공이 된다

2008년추석 대한민국

想和情人一起看的电影

某位工作人员问志燮，想要和情人（想象中）一起看的电影是哪部？志燮的答案是《电影就是电影》。不过，随后他又补上新的答案 *Mamma Mia!*（《妈妈咪呀！》）。志燮为什么会想要和情人一起看 *Mamma Mia!* 呢？

高尔夫球

志燮最近的兴趣：高尔夫球。

那个一直都被称为"秘密"的最佳成绩，这次工作人员相当自～然～地询问了被宣传活动搞得晕头转向的志燮，他就这么不假思索地说了出来～至今的最佳成绩是"89"！

志燮，超厉害的～他打出了足以撼动整个俱乐部的成绩，果然是体育全能者。虽然志燮现在必须全心投入到《电影就是电影》的宣传活动，不过之后如果有时间可以打高尔夫球，势必又能刷新纪录了。受到志燮刺激的工作人员，纷纷思索着自己是不是应该开始练打高尔夫球了……（笑）运动之秋，大家也一起加入吧！

来自志燮

现在的志燮正在"某处"休假。结束《电影就是电影》的宣传活动后,便开始放假的志燮,昨天晚上传来了信息,虽然只是几句短短的信息,想必都收到了志燮的心意吧? 记忆里志燮放假的模样……大概就是手里拿着相机四处游走吧!

SOJISUB MOBILE

2008-09-01

读着大家的Love Letter，得到了很多的力量，时时感谢。

食物测验

9月正式访日的时候，已经稍微跟大家提过了，最近的志燮经常在吃日本料理；仔细回想起来，打从他第一次访日开始，"喜欢吃的食物"就已经是日本料理了。腌梅子、拉面（日本）、纳豆……之前放假的时候，志燮好像也在"某处"吃了拉面的样子，证据就是这张照片了(*^_^*)而且，听说最近还有更令他着迷的日本料理呢！再问大家一个小问题，最近让志燮深深着迷的食物究竟是什么呢？

★答案是"豆腐"★

下次访日的时候，如果有时间，再向志燮推荐一些好吃的豆腐专卖店。想必今晚大家的小菜都会是豆腐了吧！

2008-11-04

来自志燮

为了工作的志燮去了中国。如同志燮所言，虽然有些可惜，今天一整天就是工作……但完成工作后，想必会在中国好好庆祝一番吧？志燮的手机，今天写了一句话："志燮，生日快乐！"

★Happy Birthday★生日

我们把满载大家的爱的生日信息通通改成了四号（字体），然后请经纪人用电子邮件寄给了志燮。至于信件和Love Letter，则会在翻译后传给志燮，而且这次特别制作成Birthday版后才送到志燮手上。大量来自日本的祝贺信息，想必一定会让志燮吓一大跳。此外，在这个值得庆贺的日子里，还有一件大事！继《孤独的人生》后，"G"的未公开曲目《愚蠢的爱》将会在韩国闪电公开！

2008-11-12

喜欢的韩国料理

听说北海道东北地区已经下初雪了呢！东京的冬季气息也越来越浓厚了。天气一变冷，就会变得非常想要吃韩国又辣又温暖的食物。先前问了志燮"最喜欢哪一道韩国料理"的时候，他答道："辣炖排骨。"

辣炖排骨是一道焖煮牛里脊的料理。另外一道就是"杂菜"了，杂菜是由各种蔬菜加上肉、粉丝搅拌而成的韩国传统料理。即便是志燮喜欢的两道料理，却也不是随便哪里的都好哦！他说"妈妈亲手做的"最！好！果然，没有什么能够比得上妈妈亲手做的料理了。

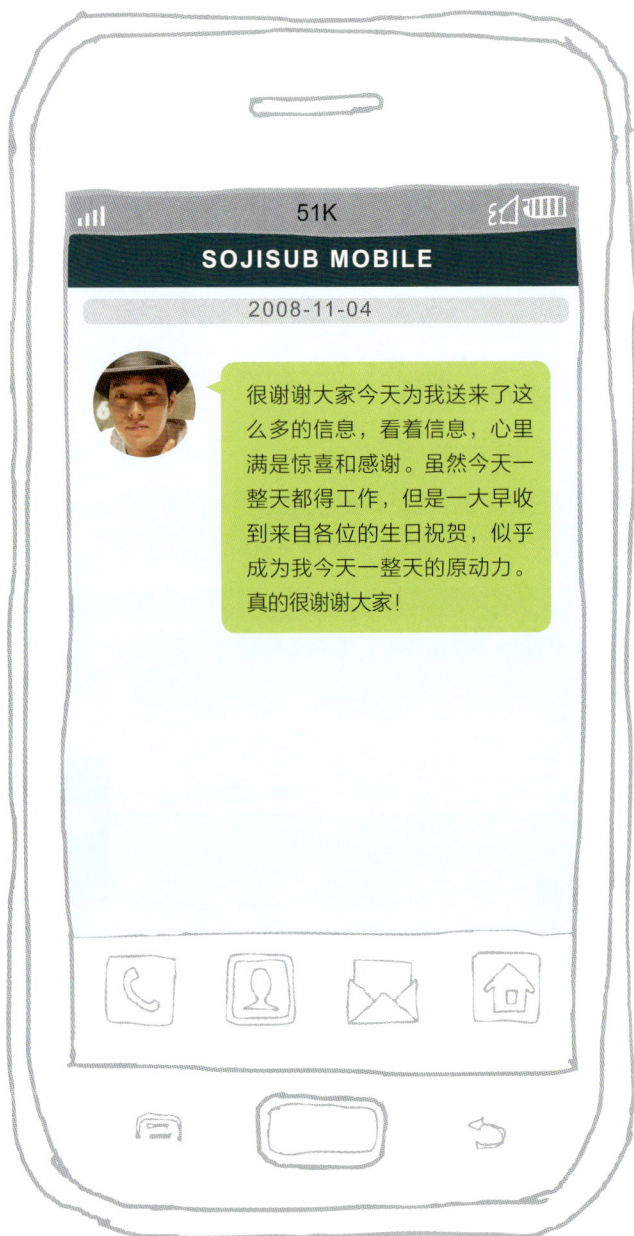

SOJISUB MOBILE

2008-11-04

很谢谢大家今天为我送来了这么多的信息，看着信息，心里满是惊喜和感谢。虽然今天一整天都得工作，但是一大早收到来自各位的生日祝贺，似乎成为我今天一整天的原动力。真的很谢谢大家!

HAPPY BIRTHDAY
JISUB

Happy Birthday 지섭씨☆
저는 3일전의 호하루가 생일날입니다. (^-^)같은 생일날이 아니어서 아쉽네요…
지섭씨의 생일날, 함께 보내지 못하지만 생일을 축하하는 마음만이라도 전해질 것을
바랍니다. (^-^) 지섭씨를 낳아주신 어머님께 감사합니다☆☆
                                                              미토모

생일 축하합니다! 앞으로도 계속 응원할게요!
                                                    소끼
지섭?☆
11.4 생일 축하해요♪d(^◇^)b♪
마음속으로부터 축하드립니다. 생일축하기
(^^)/ ♡♢♡♡(^^)   기미상

지섭씨, 생일 축하합니다. ♪ 올해는 지섭씨를 만나고, 이렇게 팬 여러분과 함께
축하할 수 있어서 정말 기쁩니다. 앞으로도 멋진 배우 소지섭씨로 있어주세요.
건강하고 행복한 미소를 다시 보여주세요(^*-^*)
                                                          가츠

sonick, 생일 축하합니다!
언제 어디서나 응원하고 있을게요\(^O^)/ ♪   a-chan

지섭씨 생일 축하합니다. 너무너무 좋아해요.
지섭씨를 직접 만나뵙고 싶어요   오케이

사랑하는 우리 지섭씨! 건강하고 행복한 1년이 되길 바랍니다o(≥∀≤)o 시오강

지섭씨 생일 축하합니다!
정말은 직접 지섭씨에게 선물을 보내고 싶었지만 메시지로 전합니다♪
보라색의 물건을 가지고 축하할게요.o(^-^)o
미나 올림   미나

LOVE
JISUB

该隐与亚伯

关于志燮新的韩国电视剧《该隐与亚伯》,已经在11月15日(六)开镜了!志燮从那天早上七点就开始在拍摄现场待命,拍了手术室的场景,收工时间是在隔天16日的早上六点三十分。从第一天开始就是一场硬仗呢。不过,拍摄工作现在才正式开始而已!

新人男演员奖

已经在Love Letter看到了许多祝贺的留言!昨天志燮在第29届青龙电影节获颁新人奖!颁奖典礼结束之后,经纪人立刻转达了大家的祝贺,志燮神情腼腆地回应了"谢谢"。稍微替大家翻译一下获得新人奖的志燮所说的话:"谢谢!老实说,这是我第二次拍电影,所以对电影不懂的地方还很多。拍摄这部电影,对我来说是一种全新的体验。为了要让进场的观众都能喜欢这部电影,许多人都夜以继日地努力着……请容许我在这里大胆要求各位,给那些没有出席的众多工作人员和演员,以及热爱韩国电影的影迷一个热烈的掌声。今天得到了新人奖,往后我会继续努力朝着最佳男主角奖前进。"

真的、真的太好了!一定会将大家的鼓励和难以数计的祝贺信息转达给志燮的。

@ USJ

大阪天气晴。果然，艳阳男志燮(^^)昨天晚上抵达饭店后，立刻加入了讨论今天行程的会议。谈论着这次的计划，不知不觉就夜深了，听说他最后连晚餐都没吃便睡了呢！不知道是不是因为连日来的疲劳，今天早上他很晚才起床。早上吃了荞麦面，每次到日本都会吃荞麦面，现在好像都已经变成他必点餐点了，随后在前往欢迎典礼之前，他还得接受采访。虽然对志燮来说，今天又会是忙碌的一天，但是他说他很期待跟大家见面。

各位，刚才USJ欢迎典礼已经结束喽！本日穿搭：内衣、牛仔、针织围巾、切尔西短靴，全黑装扮，然后再搭配上一件驼色麂皮外套。

欢迎典礼结束后……

22日晚上欢迎典礼中的志燮因为站在舞台上，所以并不清楚观众席的状况，不过得到了比想象中更多人的欢迎，让志燮很惊讶。典礼结束之后，他再次出现在舞台上向大家打招呼，虽然很冷，但是看到等了很久的大家所带给他的温暖，让志燮相当开心。初次来到大阪的最后一晚，则是去了豆腐料理专门店，听说志燮觉得很好吃。志燮也把料理通通收进了他的相机里，其中一张就是这张照片了。

由于隔天凌晨就得出发，必须一边吃着晚餐一边开会讨论之后的工作，志燮只喝了当作饮料的乌龙茶。希望将来有一天，志燮可以慢慢享受一下日本的生活。

志燮 @ 中国

11月23日出发前往中国的志燮。问志燮"待在中国的时候最想吃的食物是什么"时，他回答了"北京烤鸭"。照片是志燮的作品。志燮看来相当喜欢各式各样的中国料理。近来，大家总是要他好好注意自己的身体，所以志燮吃了很多，并且化食物为工作的动力，大家可以放心了。

自拍

最近不知道是不是因为在Love Letter上出现了很多关心志燮在中国进行拍摄工作的信息，所以志燮传来了他的自拍照。首先是进行拍摄工作的自己，然后是好吃的中国料理照片。脸，又变得更小了(*_*)大家都很担心是不是同行的男经纪人把志燮的那份都吃掉了……可是志燮的确有好好吃饭啦(^^)在中国的拍摄工作每天都安排得十分紧凑，所以才会自然而然地瘦下来了！

这是猪肉上淋上勾芡酱汁的料理。

2008-12-11

志燮 @ 中国

问了在中国待了好长一段时间的志燮，他在休假都做些什么，他说："主要都是待在饭店，偶尔会到饭店的健身房流流汗。"当我们询问他到了便利商店必买的东西时，他回答了"牛奶"。所以志燮休假日都在饭店好好休息，利用牛奶补充营养吗？

2008-12-16

喜欢的颜色

一直以来，志燮都以喜欢"紫色"闻名，不过他最近喜欢上了"白色"。为什么喜欢上了白色？原因是："现在脑子里只有工作，大概是因为白色可以渗透进所有的颜色吧！"全心投入演员工作的志燮！看来明年可以看到像变色龙一样转换颜色的志燮了。

2008-12-18

手测验

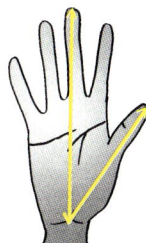

有很多影迷都相当喜欢志燮的手，因为志燮的手不只漂亮，还很大！要说有多大呢~？在这里给大家一个小问题。

从志燮的手腕到中指末端总共是多少厘米呢？请回答到毫米哦！这是不是个超级困难的问题？

★手测验答案★

正确答案是"21.8厘米"！这可是经纪人仔细测量过的哦！从手腕到大拇指末端是"15.6厘米"。

手印 @ 摄影展

大家好，20日开幕的志燮摄影展in USJ。附上的照片是在会场展示的志燮手印，可以真实地感受一下志燮的手。

章鱼小丸子

大阪的照片，这次是在吃章鱼小丸子呢(*^_^*)

★吃完章鱼小丸子的志燮感言：真的很好吃！下次有时间的话，想要直接到店里吃刚做好的～

凝视

——该隐与亚伯

HAPPY NEW YEAR ~ K

ji sub 2009

☆ Happy New Year ☆

祝大家新年快乐！今年也请大家多多关照志燮。

2009-01-13

喜欢的女生

现在正在韩国拍摄电视剧的志燮。韩国好像已经出了预告，拍摄工作也很顺利。
正如各位所知，每当向志燮询问到喜欢的女生类型时，他总是会回答"有品位的人"。由于不清楚他最近的喜好有没有改变，所以我们又问了他一次，而答案是"气质好的人"。因为志燮看的不止一个地方，而是整体，所以老是得不到比较具体的答复。志燮的喜好没有什么太大的转变。

还有一点，那就是当问到他认为"作为女性，应该要注意些什么"时，他想了一下子，接着说出"不要在地铁之类的地方脚开开坐着"。各位女性，千万不要在任何公共场合松懈下来啊！说不定用餐的时候，有人会注意到餐桌底下的行径哦～（笑）

2009-01-15

手机

今天要向各位公开志燮的手机。银色的"蘇"字贴纸，这个贴纸将作为活动礼物送给所有参加的人；给了志燮后，他马上贴到了自己手机上。另外，还有绿色可爱（？）的吉祥物！简单利落，原本以为志燮不是一个会用装饰品的人……意外地从手机发现了他的另外一面。（※其他是工作人员的手机，大家摇身一变成为"苏大队"了。）

2009-01-30

把握当下

虽然今年已经过了一个月，但是各位怀抱的愿望还是进行时哦！志燮今年的愿望是"把握'当下'"。首先要尽全力完成眼前的电视剧、电影，然后好好把握每一个当下。我们这些工作人员也会为了支持志燮的"当下"而好好努力的。

2009-02-09

该隐与亚伯

韩国终于要在这个月的18日开始播映志燮阔别五年左右后拍的电视剧《该隐与亚伯》了。光是看预告，大家就已经开始好奇剧情了！此外，志燮现在又去中国进行拍摄工作了。经常都要熬夜拍戏，真的很辛苦！志燮和各位演员、工作人员都熬得很辛苦，不过希望我们志燮不要被击倒，只要继续专心把拍摄工作完成就好。敬请期待他潜藏的实力！

2009-02-14

情人节快乐

大家过得好吗？情人节的早上，是如何度过的呢？工作人员正在翻译各位留下的情人节信息，要请经纪人寄给志燮哦！就像照片一样，制作成了爱心的主题(*^_^*)志燮现在应该看了吧？

★备注：向经纪人询问了志燮在情人节当天的情况～结果是在拍摄广告。看来志燮的生日、圣诞节等节庆日，都在工作啊！

访日

志燮刚刚抵达日本了！今天的服装造型是红色的帽子搭配红色的夹克，里面则是白色T恤与牛仔裤，以及白色运动鞋，最后加上银色项链点缀。虽然每天都很辛苦地拍戏，但是看起来身体很健康哦！明天会尽可能和当地的工作人员取得联系，让大家看看志燮的模样。

帽子

现场的工作人员送来了刚刚提到的志燮红帽～

休息中

趁着采访的空当休息时，看着志燮将完成的月历拿在手中，一页一页翻着的背影，工作人员立刻拿出相机拍下这张照片。

2009-02-27

志燮 @ 东京Night

在首映会上两度上台和各位见面的装扮：第一套是深褐色的丝质双排扣西装，搭配紫色格纹衬衫，以及黑白色调的Wingtip皮鞋；第二套是白色衬衫搭配黑底细白条纹的三件式西装，加上Wingtip皮鞋。两套都在口袋搭配了手帕，典雅之中又带有一些摩登的装扮。结束首映会的亮相，回到饭店后，紧接着又开始开会和处理杂事，晚餐也只吃了便当和客房服务餐点。因此，昨天志燮的东京之夜，只有工作。之后再告诉大家今天的情况。

返国

转眼间，志燮结束了访日行程，回到首尔出席今晚的第45届百想艺术大赏颁奖礼。出国的时候，穿着白色和红色的针织开襟衫，搭配牛仔裤和白色运动鞋。东京仿佛也像是在慨叹着与志燮的离别般，飘下了雪花。回到韩国后，志燮依然持续繁忙的工作行程，我们期许今晚的艺术大赏会有好结果吧！

033

香味

询问了志燮身边的工作人员，志燮身上没有任何香味，不过，偶～尔会喷一点儿香水，于是又问究竟是喷了什么样的香水呢？答案就是"Bvlgari Aqva"。是一股能让人联想到海洋的清爽香气。看来志燮喜欢素雅的香味，如果有得知任何志燮的秘密情报，再告诉大家。

★志燮的评语：现在改喽～没错！以前是经常喷那款香水，现在就……

来自志燮

送上《电影就是电影》在东京举办的日本首映会时所拍摄的志燮照片。

日记更新

透过崭新的心情，让各位和我们工作人员一起团结起来支持志燮！更新的第一天开始，便首次公开之前约定好的照片：是志燮去年放假时拍下的USA照片！或许可以稍微窥探一下私底下的志燮？！天气依旧有些寒冷，不过却能清楚地听见春天的脚步声。我们会继续努力更新日记，放上如同春日般使人兴奋的消息。

访日

就在刚才，志燮已经踏上日本的土地了。听说志燮直到上飞机前一刻，都还在进行电视剧的拍摄工作。抵达机场的志燮装扮是戴着浅褐格纹鸭舌帽，身着浅蓝色的内衣，搭配毛茸茸的浅咖啡色外套；下半身则是牛仔裤搭配皮革运动鞋；另外，还戴上了墨镜。

结束在台上的亮相后

各位，两轮的舞台亮相好像已经刚刚结束了。第一次上台的时候，志燮穿着会让人想起姜培的全黑装扮，不知道是不是因为正在埋头拍摄《该隐与亚伯》的缘故，志燮的脸看起来反倒很像超仁医生。

Q. 有没有什么关于白色情人节的特别回忆？

A.这天时常都在进行拍摄工作，没有什么特别的回忆。今天在这里（2009-03-14），想必已经可以成为一段新的回忆了。

Q. 志燮的白色情人节恐怕会回礼回得很累？

A.我正在心里回给所有人。

每天都在进行高密度的电视剧拍摄，一有空就得上台和大家见面的志燮。为数众多的影迷聚集在会场，热情地呐喊助阵，想必都转化成志燮的力量了吧。

白色情人节

14日返国时的照片。穿着私人服装的志燮，既不是姜培，也不是超仁，就是温和的"苏志燮"。"直到再在日本相见的那一天……"志燮今天也加油了！

睡不着的夜晚

一提到春天，一定有很多人都会想到"春天一来，总是变得很难起床，最后就睡过头了"；不过，也有人是晚上睡不着觉的吧！之前询问志燮"睡不着的时候怎么办"时，他回答"不要硬逼自己非睡不可，起来做些什么直到想睡为止，像是看看书或听听音乐"。希望这个夜晚正因为电视剧的拍摄工作而"没有办法入睡"的志燮，能够赶快睡个好觉就好了~明天想必有很多人都要出门赏花吧。

近况

虽然志燮此刻还在拍摄《该隐与亚伯》，但是昨天联络了经纪人，讨论了一下现在正在日本上映的《电影就是电影》和之后的日本行程。一得知日本影迷都很担心他，志燮便立刻说了"我没事"，不过声音听起来却有些无力和疲惫。

不久前，陪着志燮参与韩国工作行程的经纪人表示，趁着拍摄空当待在车里看剧本的志燮，看着看着，只要闭上眼睛三秒钟，就会立刻睡着，安静得像是没有在呼吸般，一动也不动地沉睡。听到这个故事，大概就可以知道志燮到底有多累了吧。接下来《该隐与亚伯》即将播出第四集，希望顺利杀青，也请大家多多支持。

杀青

在拍摄现场的经纪人刚刚传来了消息，《该隐与亚伯》杀青了！除了好奇结局之外，也听到大家呐喊着："志燮，辛苦了！"先送上杀青的消息，之后如果还有志燮的情报，再告诉大家。

感激的泪水

昨天影片杀青后志燮传来的短片。志燮的眼睛看起来有一点儿肿，可能会让大家有点儿担心，不过听说这是因为志燮流下了感激的泪水……志燮本人身体健康，完全没有问题，请大家放心。这次的影片拍下了很多工作人员和演员最后一次在拍摄现场的画面。

2009-05-12

告诉我！志燮（1）

全国各地都热到不行，大家还好吗？志燮的手机日记收到了许多去年年底进行的
USJ活动时募集的问答，无论各位有没有亲自到场，我们挑选了一些问题，传给了
志燮，之后志燮特地利用私人时间回答，由经纪人送过来。今天的问与答是："最
近有没有觉得自己年纪大了？是在什么样的瞬间呢？"志燮的答案是"有"，然后
出现这种感觉的瞬间是"拍摄《该隐与亚伯》时，惊觉自己体力下滑的瞬间"。

2009-05-14

告诉我！志燮（2）

今天的问与答是："如果有任意门的话，现在最想要去的地方是哪里？"志燮的答
案是"火热的太阳底下，像是有朋友的美国任何一个地方"。虽然志燮现在没有
办法立刻前往自己想去的地方，但是希望他能够透过这个月的主题活动"长假奖
励"，从大家寄来的文章里充一充电。

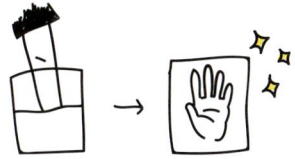

2009-05-15

近期照片

照片是正在制作手部铜像的模样。结束电视剧的拍摄工作后，第一张志燮的照片。替细部进行打模的时候，必须静静等待，照片里的姿势看起来好像正在努力忍耐着。究竟结果如何呢？

2009-05-30

6月★手机是什么？

这个月的主题活动是"长假奖励"，在传来的问题当中提到"海和山，比较喜欢哪一个"，志燮表示自己属于"海派"，原因是"喜欢水"，这就是来自曾经是游泳选手志燮的回答。

接下来6月的主题活动"手机的使用方式"。请大家写出可以让志燮吓一跳的故事吧！

Q. 对志燮来说，手机是……？

A. 手机是能连接家人、朋友、挚爱们的东西，也是能够通过手机日记与大家产生连接的东西。

Q. 喜欢的手机功能？

A. 相机。有时间的话，偶尔会玩一下游戏。

Q. 家里的装潢设计是自己亲自挑选的？

A. 我选的，虽然只是帮了一点儿小忙(^_^;)

Q. 装潢的主题和色调喜好？

A. 主题是古色古香，色调是褐色系。

Q. 泡澡的时候，会放入浴剂和泡泡吗？

A. 会(^_^)

Q. 洗澡（泡澡的时间）大概会花多久？

A. 很久，不过不会超过三十分钟。

2009-06-12

手机日记一周年 @ 横滨

今天的横滨艳阳高照，相当适合绰号"艳阳男"的志燮外出工作。志燮（虽然是广告牌）正在活动现场等待，像照片里的志燮一样，摆出自己喜欢的姿势拍张照吧。

志燮和志燮

这是手机日记一周年的纪念会场，一大早就来到现场的大家，将气氛炒到了高潮。当中最有人气的就是志燮的帽子了，之前曾经出现过的那顶红帽子，在公开的影片里也戴过那顶帽子。和志燮一起拍照的时候，也可以使用附件照片里的方法（笑）。

一日 @ 横滨

哇！听说今天第一天开始举办的一周年纪念会场，盛况空前啊！现在可以从立体的手部画作，实际"体验"一下志燮的手指和手的大小，大家一定超喜欢的吧？

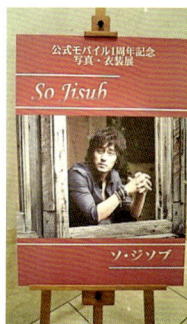

045

前往纽约

22日晚上，志燮要离开韩国前往纽约出席颁奖典礼。志燮在机场的照片。

2009-06-24

志燮 @ NY（1）

抵达纽约的隔天早上，志燮立刻前往体育馆运动。照片是出发前往健身房拍的。早餐吃了健身房的三明治，之后不知道跑到哪里去了。工作人员拼了命在寻找志燮，不过后来得知他已经先一步回到饭店后，大家才松了一口气。回来的时候，志燮心情很好，想必是好好地享受了一番纽约吧！现在当地时间是23日的晚上九点左右，恰好是出席韩日文化院颁奖典礼的时间呢！希望志燮不要太紧张，尽情享受。

志燮 @ NY（2）

志燮在纽约的照片。应该是在听音乐吧！想必又是志燮喜欢的Hip-hop了吧？

志燮访日

刚刚抵达了日本，为了出席《该隐与亚伯》的亮相活动而来。今天的造型：帽子、墨镜、T恤、开襟衫、皮带、运动鞋，通通都是黑色，还有搭配的牛仔裤。随后将要参加会议和接受采访。想必这次的访日行程又会相当忙碌了。

志燮 @ 东京

今天的东京天气晴。之前天气预报说今天会下"雨"啊……但是志燮的艳阳男传说好像发威了。昨天一到日本就开始马不停蹄工作的他，听说连晚餐都没吃就睡了。不过，抵达日本后，就吃了加了炸虾的荞麦面当作迟来的午餐呢……

受访中

一大早就展开了受访行程，今天好像又是以分钟为单位在进行着。早上吃了美式早餐，中午吃了红豆便当，浑身充满了力量！照片是今天志燮装扮的一部分：帽子。快要在台上和大家见面了～出席《该隐与亚伯》日本首映会的大家，请热烈欢迎导演，以及演员申贤俊和志燮哦！

舞台亮相★顺利结束

第二回的日本首映会已经顺利落幕了，现在紧急为大家报告志燮的造型。第一次登场的服装是全身黑，黑色长版毛衣搭配围巾和背心，以及黑色的裤子和骑士靴，脖子上挂着银色十字架项链。第二次登场穿着和第一次时一样，但搭配长版墨绿色围巾和背心，以及黑色巴拿马帽。希望今天晚上可以在东京享用到美味的晚餐。

2009-07-08

返国

志燮在日本待了三天后，刚刚已经回到韩国了！昨晚结束见面会后，出席了简单的会议，然后与演员申贤俊和导演一起吃了饭。照片是志燮的自拍照。志燮要给各位的话："谢谢大家踊跃的鼓励信息，请准时收看《该隐与亚伯》。"

2009-07-09

志燮Power～

志燮一直在"这里"。为了要让大家提起劲来，特地献上一张志燮的照片。

喜欢的东西

最近志燮的穿着大多是黑色！问他是不是改喜欢黑色了呢？
果不其然，志燮说他现在喜欢的颜色是"黑色"（照片是志
燮最近访日时戴过的帽子）。

今天有一位工作人员给了志燮起司蛋糕……以后会配上咖啡一起给他的。我都会放
满满的牛奶和糖呢……大家下午也悠闲地享受一下志燮的口味吧！

志燮传来的健康模样：
一边开会一边吃饭的样子。
嘴巴里含着的不是烟，而是青辣椒……
可以从围裙看出，正在享用牛肉。

Q.喜欢的花？

A.这个一直都没有变过，香水百合。

Q.喜欢甜食吗？

A.依照情况会有所不同，疲劳或郁闷的时候就会吃。

Q.喜欢的蛋糕或饼干？

A.起司蛋糕。

Q.属于会在咖啡里加牛奶或鲜奶油的人吗？如果放糖的话，会放几个？

A.按照当下的心情不同，会加牛奶或鲜奶油；虽然不放糖，不过通常都会搭
　　配甜的东西一起喝。

2009-08-10

志燮 @ 北京

为了电影《非常完美》的宣传活动，志燮现在正在北京
哦！虽然照片可能不太清楚，不过应该是在打电话吧！
如同在日本宣传电影或电视剧时一样，在北京也是从早
到晚忙得晕头转向。

2009-08-24

由苏志燮主演的日本Bee TV《I am GHOST》

这次的作品，是由苏志燮饰演的外国杀手和谷村美月担纲演出的日本女高中生，所
展开追逐战的动作片。

志燮正在看Love Letter

无论工作再怎么忙，也要忙里偷闲地
在咖啡厅享用甜点。

一个人外出

昨天晚上的拍摄工作比平常结束得早，志燮告诉经
纪人自己要回饭店房间……可是却不在房间！有些
慌张的经纪人，赶紧打电话给志燮，他说他自己一
个人出去了。由于还有一些剩余的拍摄工作，经纪
人担心发生什么意外，所以去了志燮所在的地方一
看，就像照片里一样，正着迷在游戏里。

稍作休息

一到日本，天气就很炎热，不过也算是连日晴朗。听说就算在烈日下，也努力地完
成拍摄户外的暴雨场景。

大碗的红豆冰。看表情想必是吃得津津有味。

052

2009-09-03

又是甜点

并不是因为到了日本才开始吃甜食，而是为了暂时休息一下，才跑去咖啡厅吧。顺带一提，拍摄期间的餐点，好像都是便当居多。希望这次访日，能够有时间慢慢地享用一下美食。

2009-09-07

五天的模样

在日本待了好长一段时间才回国，眼前有很多的工作在等他，大概也没有什么休息的时间了吧。手里不知道拿些什么东西，到底在做什么呢？

在车里自拍

2009-09-10

日本用餐（1）

虽然这次停留的时间很短，不过还是抽空到外面的餐厅用餐了。即便不是第一次吃"涮涮锅"，但是一直以来都没有什么时间，所以才没能吃到"涮涮锅"。自己放进蔬菜之类的食材，开心地用餐。

白银周

今天开始就是白银周*了，大家会怎么过呢？放松休息
的人、出外旅行之类的游客、工作的人……希望大家都
能度过有意义的白银周！志燮永远都会在这里。

*编注：白银周（Silver Week），日本秋季9月下旬的连续假期。

日本用餐（2）

访日时志燮很喜欢纳豆，加上以前每次去日本的时候，都会在Blog写到吃荞麦面的
事情，听说这次索性吃了"纳豆荞麦面"。把纳豆搅~拌好后，一口吃下肚！吃得
很开心！经常都在吃热乎乎的荞麦面，说不定拍戏拍得很热时，吃一些冰凉的荞麦
面会觉得更好吃哦！

Q. 如果你是女生的话，会想要和现在的自己谈恋爱吗？

A. 不知道有没有值得恋爱的价值呢（笑）。不过限制很多，应该会很辛苦。

Q. 会如何向你的挚爱表现自己的爱呢？

A. 我能做到的一切。

Q. 现在最珍惜的宝物是？

A. 不是什么东西，而是自己的身体（健康）。

Q. 如果可以实现一个愿望，你想要什么？

A. 和家人一起观光&旅行。

Q. 除了工作以外，会令你感到幸福的时候是什么时候（原因又是什么）？

A. 躺在床上的时候。

关于成立办公室

有些报道指出"苏志燮要成立个人经纪公司"。关于新计划，现在正在准备正式向大家公开。

（编按：2009年10月16日，51K正式成立。）

2009-10-11

志燮访日

刚刚已经抵达羽田机场了！今天的服装造型是：白色的帽子、黑色的墨镜、白色的T恤搭配牛仔裤，再加上黑色的运动鞋；脖子上围着围巾之类的东西。随后没有任何休息时间，就要开始进行会议了，即便如此，大家也一起说："志燮，欢迎光临！"

2009-10-12

志燮 @ 日本

昨天开会开到很晚，今天从下午到晚上还是得工作！
没什么休息的时间。がんばって（加油）~ ~

2009-10-13

抵达"国际论坛"

苏志燮抵达"国际论坛"了，现正在接受采访。这是今天表演场地的照片。几个小时后，就在这个舞台，他就要登上舞台了！

志燮返国

昨晚志燮已经平安返国了。在日本工作人员偷偷拍了志燮
的模样，这是昨天趁着采访空当正在休息的志燮。

090215

2009-10-21

志燮的手

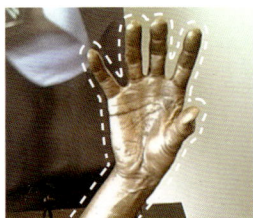

手机日记一周年纪念摄影·服饰展里用来装饰用的手部
铜像制作过程的照片。大家说想要实际感受一下志燮大
大的手和长长的手指，所以才拜托志燮一起合力制作
而成的。照片里看到在替手打模时，志燮静静等待的
模样。

2009-11-04

Happy Birthday Jisub

今年也会和去年一样，收集好所有来自各位的生日祝贺，把背景转换成生日风以及调整好日期后，经由经纪人寄给志燮。问他今天怎么过？得到的答案是"节庆（果然）都是在工作"……

限量T恤Vo1.2正式发售

志燮参与制作的"苏志燮手机日记限量T恤Vo1.2"已经在今天下午四点正式发售了。衣服尺寸可以参考附件照片，就和穿在志燮身上的一样。Vo1.2有黑色、绿色两种颜色，不过黑色款在领口、袖口以及下摆的部分，手工都较为细致。像志燮一样搭配长袖衣服营造出多层次的穿法，也很不赖哦！

51K

SOJISUB MOBILE

2009-11-04

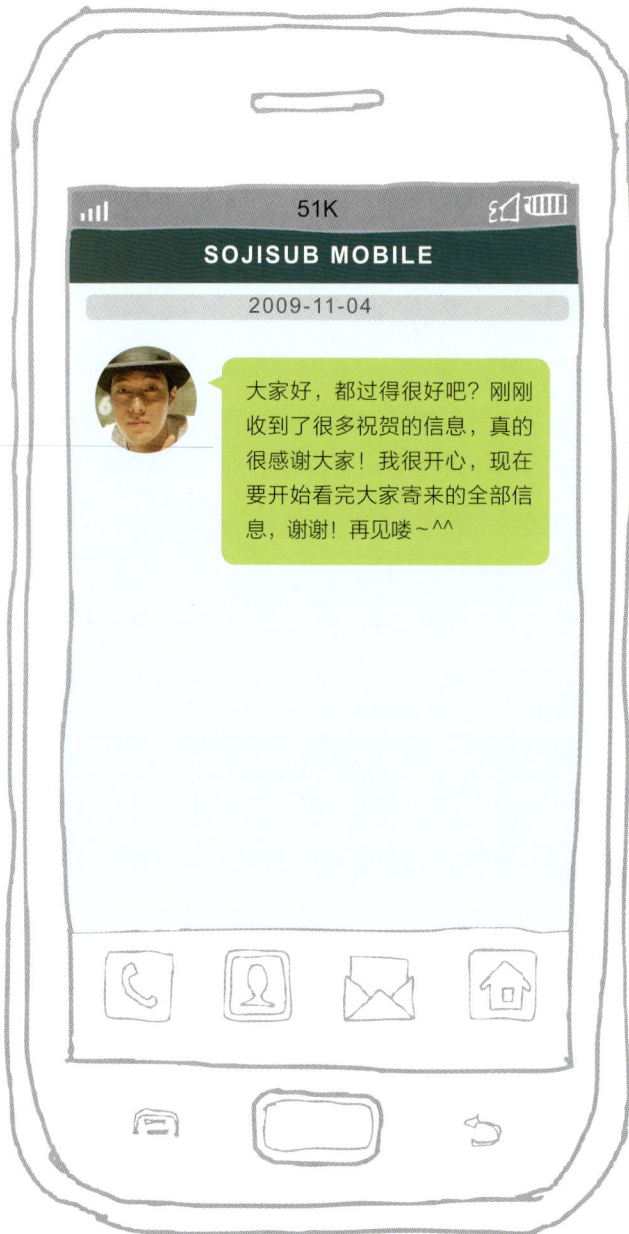

大家好，都过得很好吧？刚刚收到了很多祝贺的信息，真的很感谢大家！我很开心，现在要开始看完大家寄来的全部信息，谢谢！再见喽~^^

写真集

如果用一句话来形容这次的写真集，那就是：真！的！超！好！看！除了足足有一百二十页之外，还有超过三百张的照片。我这样说大家可能完全没什么感觉，不过就算是没有看过《I am GHOST》的人，也可以透过写真集，看到拍摄场景以及志燮在拍摄现场的模样，照片多到让人有种亲临拍摄现场的错觉。拍摄的休息空当和真实搏斗后的表情差异等，平常看不到的画面，通通都收录在写真集里！此外，志燮亲手创作的页数，可爱、有趣得让人非看不可！无比兴奋！昨天才刚过完生日的志燮，为了这次工作又到国外去了。

新闻报道

苏志燮决定出演韩国电视剧《Road No.1》（《一号国道》）。

这是一部以韩战为背景的感动巨作，将会是2010年韩国电视剧中最值得期待的作品。

剧情讲述一个男人遇见命定的爱情和战友，透过牺牲治愈了战争带给他的伤痛，想必会是一部能让观众穿越时空、产生共鸣的作品……

志燮的近况

为了拍摄广告前往纽约的志燮，虽然才刚刚回到了韩国，现在已经要开始慢慢参与明年1月开镜的电视剧的准备会议了，大概从下个月就会开始进行动作训练的样子。志燮好像很快又要变身成下一个角色了，不过，在日本的志燮依旧是"GHOST"和"超仁医生"。

明年也请多多指教

大家好，今年只剩下三天了，今年也是志燮经常造访日本的一年。工作人员个个都不遗余力，只为了要尽可能让大家知道志燮的一切（甚至还偷拍了志燮在待机室的模样）。志燮也直接听见了大家的声音，提供了很多帮助，过去的一年，谢谢大家了！明年也请多多指教！祝大家新年快乐～

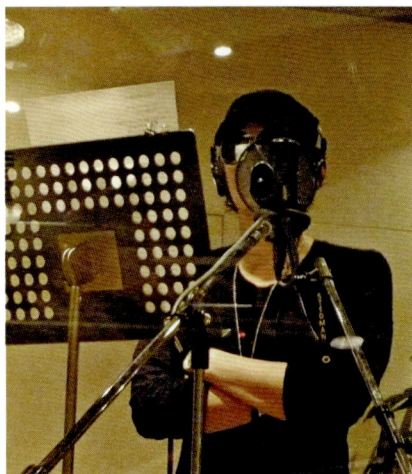

卷 3

笑着再见
——一号国道

ji sub 2010

Q. 听说在日本进行拍摄工作的时候，餐点都是便当，那么志燮在韩国又是如何呢？

A. 韩国是吃饭卷（韩式饭卷），寒冬中冻得硬邦邦的饭卷，实在太令我印象深刻了。

Q. 志燮最喜欢哪种泡菜？辣的，还是喜欢甜中带咸的呢？

A. 只要是泡菜，我都喜欢！

Q. 志燮都在哪里背台词呢？在背诵方面有自信吗？

A. 会在车上背，也会在家里背，最常背的地方应该是厕所（？）。

Q. 请问经常站在舞台上的志燮……视力好吗？

A. 算好，我都会尽自己最大的努力去看清楚每一个人。

Q. 志燮会做料理吗？

A. 一个人在家的时候，偶尔会自己做来吃。

Happy New Year

祝大家新年快乐！取代新年贺词的是……压岁钱:))

kiss

如同"NEWS"所报道的，苏志燮将会在这个月底关闭日本官方网站。为了感谢大家过去一年半的支持，其间将限定播放看起来有些害羞的志燮的"吻手"手机短片！这段短片可是我们本着做亏本生意的心情拜托了志燮，在此也感谢害羞着答应我们要求的善良的志燮。

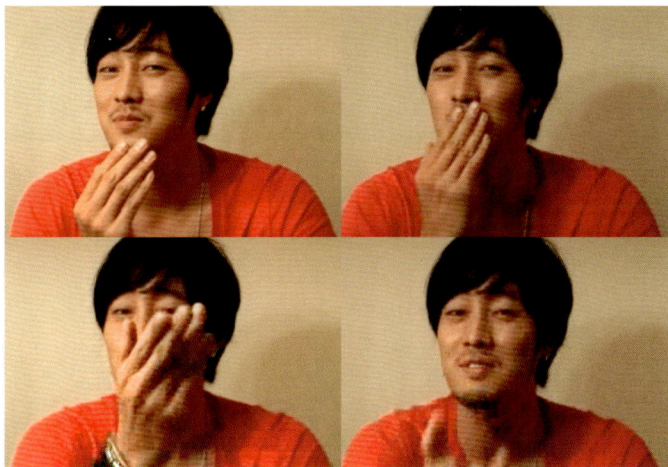

满意的一张照片

在寒冬中进行拍摄工作的志燮，充满力量（先前受伤的膝盖已经好转了许多，现在没有什么大碍，正在努力拍戏，请大家放心），以后也会更加努力的！还请大家多多支持与爱护哦！

© 柴田文子

志燮："和平常的自己很不同，所以很喜欢。"

2010-02-24

和志燮关系很好的 ☆ 51K最年幼职员

跟大家介绍最近受到许多关注的51K吉祥物——"Kiki"，受到了志燮满满关爱的51K办公室最年幼职员"Kiki"。照片正是眼神闪闪发亮的Kiki，以后也期待51K的吉祥物Kiki有更多活跃的表现。

2010-03-04

全新挑战

3月终于来了！有一种春天越来越近的感觉呢！不知道大家有没有努力实践新年的新目标呢？3月，在韩国是新学期、新开始，也代表着新出发的意思，而志燮和大家一样朝着自己的目标狂奔而去。

※要告诉大家一件事，虽然可能已经有人知道了，那就是韩国即将在3月26日举办的"第46届百想艺术大赏"中，入围最佳男主角的志燮说："光是能和厉害的演员们一起被提名，对我来说已经是很大的意义了；最重要的是，要谢谢各位对我的支持！"

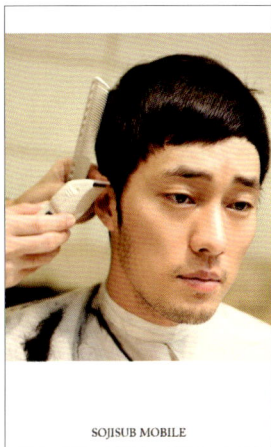

SOJISUB MOBILE

Q. 韩国人都很喜欢吃辣，志燮也是吗？就算很难受也没关系吗？

A. 我蛮喜欢吃辣的。

Q. 听说拍摄《一号国道》时，天气非常冷，请问志燮比较怕冷还是怕热？

A. 我反倒比较能接受寒冷。

Q. 志燮有自己的手机，那么在写信的时候会使用表情符号吗？通常会使用什么样的表情符号呢？

A. 偶尔会用一用微笑^^之类的。

Q. 想问喜欢吃辣的志燮，这次我去韩国玩的时候，有什么韩国料理是最辣、最能让人难受到流出眼泪的呢？

A. 辣到流出眼泪的食物……"火鸡"（불닭），"火"里的"鸡"，就字面上的意思来看，便能知道是相当令人难受的鸡肉料理。

Q. 志燮喜欢喝酒吗？很会喝吗？可以喝多少？

A. 非常会喝，烧酒（韩国烧酒）两瓶。

2010-03-10

幸运儿

和大家说好的，今天要公布由志燮亲自抽出的情人节＆白色情人节特别活动"请向志燮告白☆"的得奖名单！

白色情人节礼物

看过志燮本人亲自抽签的影片了吗？大大的志燮拿着小小的箱子，可爱到不行的模样已经在工作人员之间流传开来了呢。还没看的人，记得快看一下！有一个好消息要告诉大家！志燮为了安慰那些没能被抽中的人，决定送上独家照片。

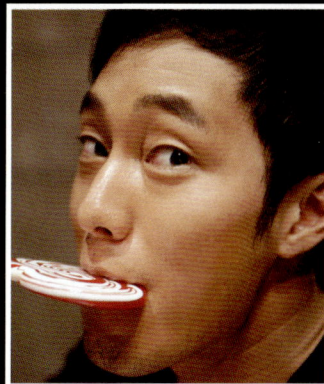

百想艺术大赏

在"第46届百想艺术大赏"的颁奖典礼照片。志燮将与许多演员一起在红地毯上亮相，造型相当特别！他特地在拍摄电视剧期间抽空出席，所以要在这里让大家看看还没有播映的《一号国道》的造型。大家觉得怎么样呢？希望大家能够多多支持依然帅气的志燮和电视剧。

2010-03-29

花礼物

这个月的主题活动"为什么要这样呢？志燮！"（志燮很开心地看着大家的信息大笑了呢）现在还在持续募集中，请大家多多帮忙了！

下个月的主题活动是"最经典的画面！"请从志燮迄今演过的所有电视剧或电影中，挑选出最令您印象深刻的一幕（台词、画面、举止等皆可），期盼大家踊跃投稿哦！

☆Love Letter得奖者礼物☆我们会从上传Love Letter的所有人当中，抽出一位幸运儿，送上志燮亲笔签名的卡片～以及一朵玫瑰花作为礼物。

★大家心目中"最经典的画面"

HELEN：每一部作品都有自己的优点，实在很难从中选出一幕，不过我很喜欢韩国电视剧或电影当中吃东西的场面。我很喜欢在《对不起，我爱你》中有一幕四个人吃面吃到一半，恩彩帮其他三个人擦嘴巴的场面。每次看的时候，都能感受到对着自己喜欢的人，那种珍惜的感觉，即便不用说任何话，也能从无心的举动传达自己的心意。呼～我身高165厘米，所以格外喜欢恩彩踮脚演出的爱情戏，觉得实～在～太～可～爱～了！电影的话，则是一直忘不了姜培打破绿色酒瓶时的眼神，有种玻璃碎片也插进我心里的感觉……3D的感觉（志燮说这听起来有点儿像什么刑事案件～）

MINA：嗯<(_ _)>作品太多了，所以印象深刻的场景也很多，不过如果硬要从中挑选出让我吓一跳的瞬间的话，应该是在电视剧《巴厘岛的故事》里，仁旭和水晶最后一起逃往巴厘岛，在游泳池游泳后，看着在池边椅子上休息的仁旭侧脸～瞬间，我好像中了什么魔法似的，好帅哦……

笑着再见

23日志燮将会出现在韩国公开的新人歌手音乐录影带中!（曲名:《笑着再见》）大家是不是迫不及待想要看到志燮揣摩悲痛爱情的模样呢? 听说拍摄当天,天气相当寒冷,拍得很辛苦。看着费尽千辛万苦才拍摄完成的作品,志燮也很满意。

来自拍摄现场的信息

今天也在努力拍戏的志燮,因为想起了各位,所以送来了亲自拍的照片哦! 志燮说忙到不行的拍摄日程虽然很累,但是一想到很快就能通过电视剧和大家见面,马上就能振作起来。志燮,加油!

2010-04-30

各位的黄金周

期待许久（？）的黄金周终于要来了！大家有没有制订好休假计划啊？志燮每天都要拍戏，所以很羡慕可以享受黄金周假期的大家呢！今天登场的是好久不见的51K象征——Kiki，长大很多耶！请大家连志燮的份一起好好享受黄金周吧！

2010-05-21

志燮推荐的料理

韩国连日来都热得像是夏天已经来了似的，正值螃蟹季的此时，听说志燮也在周末吃了腌螃蟹哦！（※腌螃蟹是以新鲜的生螃蟹，加入辣椒酱、酱油为基底酱料，腌制而成的海鲜泡菜。）

志燮说："当季的螃蟹非常美味，希望在日本的大家也能尝尝这个味道。"究竟志燮吃的是酱油口味，还是辣味呢？大家觉得答案是什么呢？

2010-05-28

Kiki's family

51K有喜了！想必已经有人知道了吧。

"一直以来都只觉得她很可爱，居然在不知不觉之间就变成'妈妈'了，实在太令人感动了。"——苏志燮

Kiki生下了和她长得很像的狗狗，变成妈妈了。

Kiki很健康，Kiki junior们（公：一只，母：两只）也都很健康、活泼呢！恭喜Kiki！

PS.上次志燮吃的腌螃蟹是"辣味腌螃蟹"，请大家一定要尝尝看。

苏志燮亲笔写的图示登场！

为了对长期使用手机日记的大家表达谢意，从下个月开始，将可以在主选单里看到由志燮本人亲笔写下的图示按钮哦！（志燮写的时候可是相当仔细、用心的）

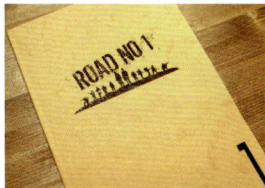

2010-06-16

结束《一号国道》最后一场戏……

终于拍完《一号国道》的最后一场戏了！为了大家，志燮传来了信息。

2010-06-18

在《一号国道》见面会现场

今天是举行《一号国道》的见面会，照片是在见面会空当在待机室拍下的，快要能够见到庄雨了……

2010-06-23

终于开始了！

大家等了又等的电视剧《一号国道》终于要在韩国播映了！志燮也很紧张呢！虽然7月才会在日本上映，不过也请大家从现在开始就多多支持哦！

PS.照片是6月22日媒体试映会上的模样。

"最后一场戏结束了,一想到李庄雨马上就要跟大家见面,心情很紧张。托一直留在原地给予我支持的各位的福,让我能够有机会遇到这么优秀的作品,继续演下去。"——苏志燮

好好看着～

今天送上好久不见的志燮。这是志燮趁着工作的
空当来了一趟办公室时所拍下的照片。"我在韩
国也有好好看手机日记哦！"志燮一边看着手机
一边说。

Kiki、Koko、Koka、Kaka

志燮已经决定好Kiki junior们的新家人的名字了：Koko、Koka、Kaka！

Q. 很可爱的Kiki有什么拿手的绝活儿吗？

A.过来。

Q. 我正在打保龄球。志燮也会打保龄球吗？打得如何？

A.我，超会打保龄球。

Q. 志燮在度假地是活跃型还是休憩型呢？

A.在度假地时，有百分之八十是活跃型，百分之二十是休憩型。

Q. 志燮有没有睡前必做的事情呢？

A.睡前一定会刷牙。

Q. 志燮会看外国电影吗？你有印象或是喜欢的作品。

A.我喜欢《罗密欧与朱丽叶》。

志燮，在做什么？

最近几天这里完全热到不行啊！大家要多多注意身体！志燮在办公室正在做什么呢？这就交由大家去想象了。

2010-08-03

Kiki的旁边是……

Kiki的小孩已经通通去了新家人那里，一下子没了一起
嬉闹的小狗们，Kiki，还好吗？不过，Kiki的身边还有志
燮啊！不用担心Koko、Koka、Kaka，因为新家人会好
好疼爱他们的。

2010-08-05

《一号国道》@ 日本

《一号国道》已经在7月31日于日本进行首映了！对
于战争的题材会不会觉得有些陌生呢？志燮反而很好
奇大家的反应。

2010-08-20

庄雨和志燮

送上拍摄现场新模样。无论是庄雨，或是志燮，都超帅的！
Fighting！

苏志燮的路

志燮的写真散文集将会在8月31日（二）于韩国正式发行。为了向大家呈现韩国景致相当优美的江原道，制作可是非常用心。敬请期待满载志燮心意的《苏志燮的路》*。

＊编按：中文繁体字版，大田出版。

2010-09-29

Love Letter ☆ From Jisub

大家的中秋节过得还好吗？天气开始有些微凉，看来秋天的脚步已经近了。志燮也终于选定下一部作品了，不过……还是秘密！

2010-10-05

志燮的帽子GET！

在韩国10月4日被称作"天使节"*，为了纪念今天，决定要举办"作家的私人珍藏拍卖会"，志燮也以作家的身份参与了活动。

*译注：1004与韩文中的"天使"发音相同。

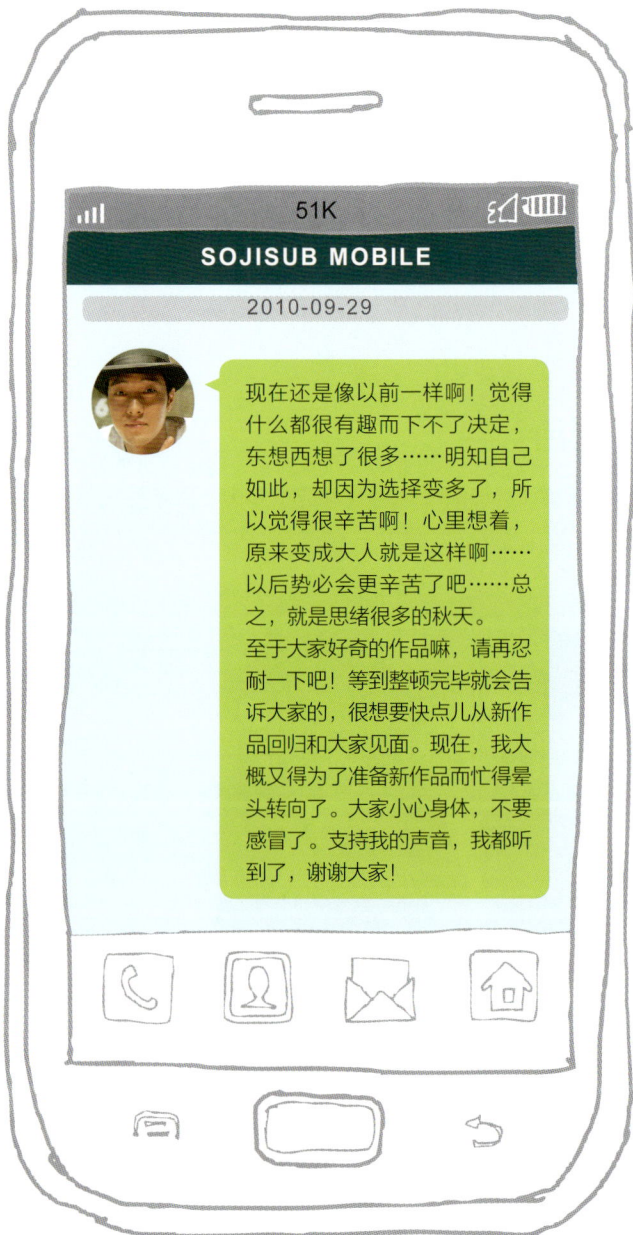

现在还是像以前一样啊！觉得什么都很有趣而下不了决定，东想西想了很多……明知自己如此，却因为选择变多了，所以觉得很辛苦啊！心里想着，原来变成大人就是这样啊……以后势必会更辛苦了吧……总之，就是思绪很多的秋天。
至于大家好奇的作品嘛，请再忍耐一下吧！等到整顿完毕就会告诉大家的，很想要快点儿从新作品回归和大家见面。现在，我大概又得为了准备新作品而忙得晕头转向。大家小心身体，不要感冒。支持我的声音，我都听到了，谢谢大家！

2010-10-27

WOW FES @ From Jisub

在24日所举办的"WOW FES! 2010韩国电视剧"上，完成《一号国道》的试映和见面会后的志燮回到了韩国。返国后，便表达了谢意，感谢大家对他的支持^-^。

2010-11-08

谢谢

来自各位的厉害礼物，都会好好转送到志燮手上的。真的很感谢！

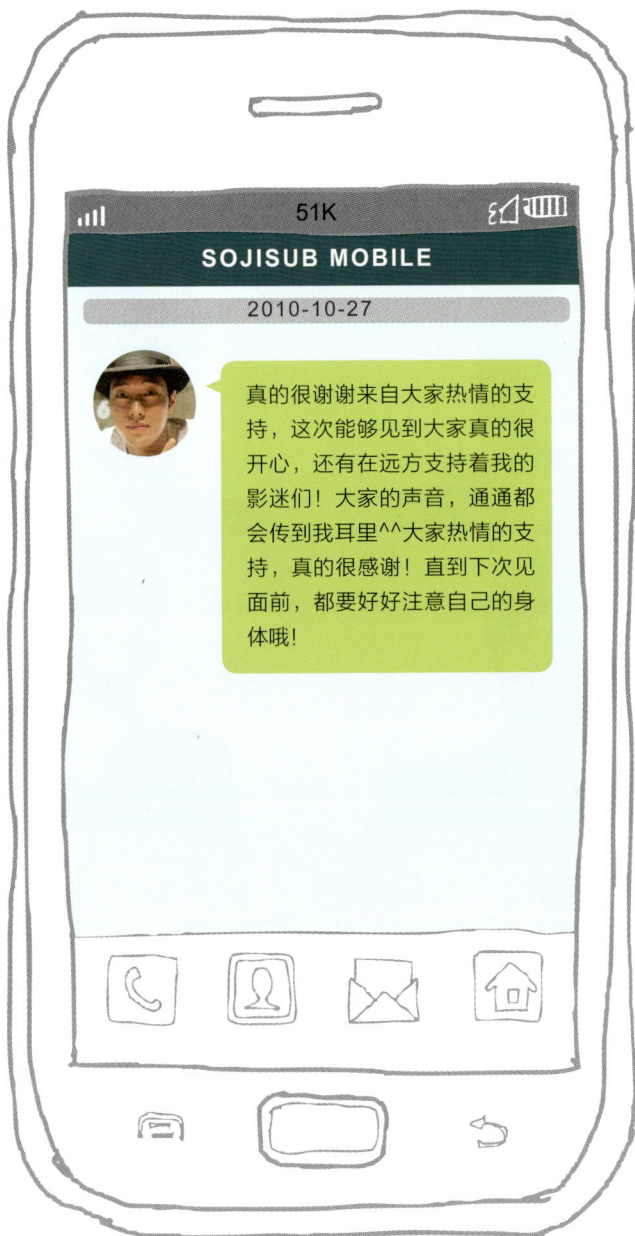

SOJISUB MOBILE

2010-10-27

真的很谢谢来自大家热情的支持，这次能够见到大家真的很开心，还有在远方支持着我的影迷们！大家的声音，通通都会传到我耳里^^大家热情的支持，真的很感谢！直到下次见面前，都要好好注意自己的身体哦！

2010-11-16

Pepero Day @ From Jisub

韩国最近变得越来越冷了，大家都要小心身体，不要感冒了！之前的11月11日Pepero Day（日本的Pocky Day），志燮也为大家准备了巧克力棒哦！虽然晚了一些，不过还是希望大家都要幸福哦！

2010-12-03

和Kiki一起

最近的韩国变得好冷哦！所以Kiki也穿上了保暖的衣服^^志燮和Kiki度过了相当快乐的时光～好像从Kiki身上得到了力量呢！

圣诞节in 51K（1）

51K已经满溢着圣诞气氛了呢^^可爱的办公室！志燮也帮了一些忙^^大家是不是也开始着手准备布置圣诞节了？

圣诞节in 51K（2）From Jisub

"2010 Korea Lifestyle Awards"志燮被选为"最佳着装名人"。

谢谢

在11月4日的手机日记活动中送来的留言卡片，已经送到志燮手中了。大家满满的热情和情意把志燮吓了一大跳。"第一次一下子收到这么多卡片，真的很谢谢大家。"志燮一定很开心收到这份圣诞礼物。

Merry Christmas！祝大家圣诞快乐！

2010-12-29

MY Dream

今年只剩下三天了呢！大家2011年有什么样的梦想呢？把直到现在都没有忘记的梦，或是2011年的梦想（抱负）告诉志燮吧！

★大家的MY DREAM！

Miye：今年的第一个梦：迎面吹来了让心情变得很好的风，躺在草地上凝望着蔚蓝天空的我，盼望着纷争、天灾人祸、饥饿……会为人类带来痛苦的一切，通通消失，于是我快乐地流下了眼泪。突然看了看身边，发现志燮也很快乐地看着天空，我们匆匆地相视而笑，度过了一段仿佛身处云端的快乐时光。醒来之后，有好一阵子心情还是沉浸在梦里。

Chuidderumon：提到我无法忘怀的志燮梦，是一个志燮全身湿答答也不撑伞，就这么站在那里的梦，而我也只能在一旁看着他；认出我的志燮，默默地在身后守护着我，当下我能清楚感受他的亲切和热情。从梦里醒来之后，有好长一段时间……都觉得是真实发生的事情。m(_ _)m

Q.韩国人好像都很喜欢登山，志燮也会经常去爬山吗？喜欢吗？

A.**我也喜欢登山。**

Q.志燮不用工作的时候（虽然我想应该很少），都是如何度过的呢？

A.**运动、看书，或是见见老朋友，缓解一下压力。**

Q.志燮每天都要做的运动是什么？我每天都做腹肌运动＆散步三十分钟左右，持续了两个月，只减掉一些体重、体脂肪，肚子好饿哦……

A.**每天都会持续做有氧运动。**

Q.之前听说志燮每天都持续不断地做有氧运动，想请问每天都会运动多久呢？

A.**一天大概一个半小时（？）。**

花开

——只有你

ji sub 2011

2011-01-04

☆ **Happy New Year 2011** ☆

送上志燮的新年活动情报！

志燮决定演出电影《只有你》，敬请期
待化身拳击选手的他吧！希望2011年对
大家都是一个好年！志燮为大家准备的
料理。

2011-01-11

在现场……

正在拍摄广告的志燮，趁着拍摄空当吃了点心^^
点心之一的"炒年糕"超辣的！

2011-01-14

狗仔队系列（1）

志燮和Kiki在一起的模样。

2011-01-26

柠檬茶 @ From Jisub

志燮亲手调制的柠檬茶，请趁热享用。

2011-02-03

又过年了！

今天是韩国的新年，再一次～新年快乐！

志燮在哪里？

志燮在全新的地方登场了！

他在这里做什么呢？

请大家猜猜看^^

PICK UP LINE

猜到"志燮在哪里"的地点了吗？他正在为准备发表的歌曲进行录音，MV里帅气的志燮！请多多支持志燮的新歌！

2011-02-22

在MV拍摄现场

志燮的新歌《Pick Up Line》如何呀？在韩国可是引起了超热烈的回应，应该有人已经看过MV了。在MV里出现了各式各样的小玩意儿，现在要让大家看看其中一个志燮在拍摄现场使用过的东西。

2011-02-26

登陆日本

刚刚下飞机后，志燮正在前往饭店的路上。谢谢特地到机场迎接志燮的大家，敬请期待明天的粉丝见面会吧。明天见喽。

2011-02-27

在待机室

首场的粉丝见面会已经顺利结束了。稍微休息一下，第二场再见了~

101

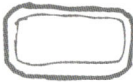

狗仔队系列（2）

韩国的天气变得暖和了许多，首尔现在好像已经可以见到樱花的踪迹了呢^^我们前往志燮拍摄广告的现场，偷偷拍下他的背影。

SOJISUB MOBILE

2011-03-28

接下来的三天，《只有你》……敬请期待！

Q.志燮的冰箱里永远都有的食物是什么？

A.泡菜（？）。

Q.要做料理或下酒菜的志燮，会出门逛街购物吗？是到超级市场还是便利商店呢？

A.当然。

Q.经常看到志燮戴帽子的样子，私底下也是如此吗？有多少顶帽子呢？喜欢什么样的帽子？

A.很常戴，不过来去去都是那几顶。

Q.我最近开始打高尔夫球，志燮也会打高尔夫球吗？

A.我也会打高尔夫球，但是如果不好好练习的话，实力是不会提升的。

Q.喜欢阅读的志燮，主要都是看什么种类的书？

A.不太挑种类看。

Q.志燮做的蛋饼，无论是形状，还是煎烤的程度都控制得那么好☆☆能告诉我放了些什么调味料吗？我也要用和志燮一样的酱料制作☆☆

A.我几乎没放什么调味料，可能有糖吧。

在拍摄电影现场

电影《只有你》第一幕，拍摄完毕！

春天来了！

韩国最近变得很温暖，白天的时候已经可以穿着短袖了。希望大家也有个温暖的春天。

拳击手变身中！

日本的樱花已经盛开了吗？韩国这个星期好像也已经可以去赏花野餐了～在首尔，有很多人都会前往一个叫"汝矣岛"的地方赏花。不过，志燮现在正在变身成为拳击手！已经很有专业拳击手的味道了呢^^万～分～期～待，志燮的新电影！大家也请拭目以待。

2011-04-19

享受春天的Kiki

这个星期托樱花的福，街道变得分外美丽。天气很暖和，Kiki也能经常外出散步了 ^^享受春天中的Kiki。

2011-04-27

忙碌的每一天

4月马上就到了尾声，志燮最近都在忙着拍戏，每天 都要好好打理自己的行程^^今天又是在拍摄什么样的 场面呢？

2011-05-03

新家人

号外号外！51K有了新家人！让吉祥物Kiki陷入紧张的主角 是……？猫咪Kato～（不是日本姓氏"加藤"哦！）以后 也请多多关照Kato了！

Kiki长大了！

近来51K的话题人物是Kiki！原来Kiki已经长这么大啦！

好好守护着

新住进办公室的Kato好像已经很熟悉这个地方和志燮了耶！缩短了和志燮的距离……希望Kato也能好好守护志燮^^话说回来，志燮在看什么呢？

有Kiki守着

6月3日的时候，有很多人去了志燮的电影拍摄现场，真心感谢大家对志燮电影拍摄工作的热烈支持。有Kiki这样守在志燮身边，大家都可以放心了！

拍摄《只有你》

电影《只有你》拍摄工作好像已经接近尾声了，今晚起，志燮将会出国拍摄最后一场戏。志燮，要好好撑到最后啊～！

现在的志燮？

各位有没有度过一个酷炫的周末呢？志燮的海外拍摄行程已经顺利结束了，并且在昨天回国喽～此刻正在和Kiki享受久别重逢的时光！

Q.我在国中教数学，不知道志燮在学生时期数学好吗？

A.数学完全是天方夜谭。

Q.原来志燮会做自己喜欢的料理啊！之前听说志燮因为害怕菜刀，所以用水果刀做料理，现在还是吗？

A.现在还是用水果刀……

Q.觉得自己好像"感冒了"的时候，这时的志燮会做些什么呢？

A.先去打针！

Q.我是那种不把这个，不把那个放进包包的话，就会觉得很不安的人……志燮的包包也有很多东西吗？有没有必带的东西呢？我的话，一定要带上眼镜、随身药物、iPod。

A.一定要选的话，手机吧。

Q.水果刀可以让刀工变得很细致吗？举例来说，像是把红萝卜切成星星形状……？！(*_*)

A.要切成星星形状，有点儿勉强……

Q.从《苏志燮的路》得知志燮喜欢雨天，为什么会喜欢雨天呢？

A.不知为何，雨声好像有抚慰心灵的力量，所以我很喜欢。

Q.我因为太喜欢海带，所以每天都吃，志燮有没有什么喜欢到每天都吃的料理呢？

A.我喜欢的不是小菜，我很喜欢蒜头，所以吃料理的时候经常都会放很多。

Q.志燮，Kiki最可爱的时候是什么时候呢？☆Happy Birthday Dear Kiki(^O^)

A.Kiki常常都很可爱，最可爱的时候大概是叫也叫不来，自顾自耍傲慢的时候吧。

2011-06-22

Kiki现在在干吗？

日本的梅雨季是不是已经开始了？
韩国明天好像会下雨的样子。Kiki现
在？！在干吗呢？那是"手"！做
得真好～Kiki（Kato正在一旁盯着
点心）。

2011-06-23

Kato现在在干吗？

如同天气预报，现在正在下着滂沱大雨，迎来了久违的凉意。之前曾经让大家看过
Kiki的现况，这次则是轮到Kato了！Kato正和志燮相亲相爱中？（笑）

今天的午餐……！

韩国已经正式进入梅雨季了，今天是志燮久违的休假，所以特地来了一趟办公室，还在这里吃了午餐，而今天的菜单是"炖鸡"（味道很棒的辣炖鸡肉^^）！大家都吃了些什么呢？

注意！

51Kafe预计7月22日开幕！

112

挑动心弦的一句话

下个月的主题活动是"心里的一句话",朋友给的一句鼓励的话、从电影或电视剧听到的一句让人感动得无法忘怀的话、在书里看到的一句挑动心弦的话……请将能让在大热天里工作一整天的志燮得到鼓舞的话,或是心里面的那一句话,传过来吧!

★挑动各位心弦的一句话!

Muchanna:在电视上看到一个残障的运动选手说:"努力过后,终能见到花开。"即便我现在已经年过三十了,还是为了考取证照而努力读书。志燮,我们一起见证美丽的"花开"吧!(≧ ≤)

紫式部:"在认识你之前,我一直以为房子、土地、地位、名声或学历,是我的财产,直到偶然遇见了我人生真正的财产——你。"这是一句写在我自己很喜欢的紫色土耳其桔梗花信纸上的话……这张信纸,成为我珍藏的宝物……即便没有永恒的爱,但是经历和回忆却是永恒不灭的……

7月的开始

今天起就是7月了耶！一年也已经过一半了。
有没有确实实践年初制订的计划呢？不知道志
燮画这个达摩*的时候在想着什么呢？无论是什
么，大家一起来替志燮祈愿一切顺顺利利！

＊译注：达摩（日文：だるま）被视为佛教流派之一禅宗的开山始祖。在日本，将达摩坐禅的模样制作
成人偶或玩具，有招来好运的意思；制作时，会先空下眼睛的部分，之后再一边祈求愿望成真一边画上
眼睛。

2011-07-04

时尚潮人

又是全新的一天！志燮成为大家公认的时尚潮
人耶！现在绑在头上的头巾，听说是在日本买
的哦！真适合志燮～

Q. 除了纳豆荞麦面之外，还有什么想在日本吃的吗？

A. 我喜欢寿司，还有涮涮锅！

Q. 我正在看《苏志燮的路》，志燮会钓鱼吗？是钓大鱼那种吗？海鱼吗？是什么种类的呢？

A. 小时候住过靠码头的村庄，所以会用一般钓竿钓钓鱼。

Q. 减肥中肚子饿了怎么办？

A. 肚子饿的话，吃香蕉不错；另外，我在拍戏的时候，偶尔会吃一点儿巧克力。

Q. 每天都很忙的志燮，阅读的时候会一口气看完一本书吗？

A. 我通常都是一次同时看好几本书。

Q. 新住进51K的"Kato"是什么品种？几岁？

A. 品种是金吉拉，年纪不是太清楚，医院说两岁左右。

原创菜单

51K的51Kafe里，将会有志燮亲自试过味道的51K原创菜单。现在正在试什么东西的味道呢？真想快点儿开幕，快点儿尝一尝味道啊！

两人特写

最近Kato的人气持续高涨，特地送上Kato和志燮的两人特写照。

51Kafe即将开幕！

越来越接近志燮创立的51Kafe开幕日。这是志燮费了很多精神，用心准备的咖啡厅，希望大家要多多支持哦^^顺带一提，背影看起来很结实吧^^

庆功宴

今天早上志燮受颁为"韩国观光之星"。谢谢大家！是不是该来个庆功宴呢？

试菜单

韩国的梅雨季已经结束，天气变得相当晴朗，而且这样的天气还在持续中哦！志燮最近常常到咖啡厅，努力试着菜单呢！不知道合不合口味呢。

117

贺！盛大开幕！

51Kafe终于在今天开张了。来了很多人，也很顺利开幕喽～真的很谢谢大家！以后也请多多支持51Kafe。

拍摄广告的现场！

咖啡厅开幕的时候，来了很多从日本远道而来的人，真的把我们吓了一大跳，谢谢！从拍摄广告现场回来的志燮，正在透过银幕监看着自己呢！果然是做事仔细。

2011-08-10

休息的日子……

志燮放假的时候，会见见朋友，和大家一起喝酒玩乐，这次势必也是在自己喜欢的酒馆度过愉快的时间了吧！美味的食物和酒，再加上朋友……志燮看起来好幸福~太好了！

2011-08-18

感激身边的一切！

每拍摄一张照片，就会有很多人在志燮的身边帮助他，我想，也是因为有了这些人的帮忙，才能让大家看到志燮最帅气的一面吧！

2011-08-22

全新的51K！

大家好，51K的办公室总算搬家完毕了！在全新的地方，有一个全新的开始，以后也请大家要一如既往地支持志燮和51K哦^^以后也请多多指教了~

Q. 拍摄电影的时候一定也有很多累人的事情吧？志燮都是如何克服这些烦心事呢？我也想在工作辛苦的时候，参考一下志燮的方法。

A. 运动，或是把音乐开得很大声，然后开车兜风。

Q. 我很喜欢韩国泡面，志燮有没有什么吃韩国泡面的秘方？请告诉我让韩国泡面变得更好吃的方法。

A. 虽然我不是经常吃泡面，不过吃的时候可以加葱或豆芽菜。

Q. 最近好像都在忙着拍电影吧。想知道一些关于拍摄现场的花絮。

A. 最近都在用剪刀石头布决定谁要请大家喝咖啡^^。

Q. 拍摄现场谁的剪刀石头布最差？不会是……志燮吧？

A. 我很强，大概只输过一两次^^

Q. 我们家的猫很喜欢天津栗子，有时候也会吃。Kato除了猫食之外，还喜欢吃些什么食物呢？

A. 只要是点心都很喜欢，有时候还会对Kiki的份虎视眈眈！

Q. 听说在日本有很多男女演员都会检查自己主演的电视剧或电影，志燮也会看自己演的电视剧或电影吗……？！

A. 我也会检查！正在看。

2011-08-25

电影《公司职员》开镜

志燮的新电影《公司职员》已经在上星期开镜了，在星期日进行第一场戏的拍摄工作。抢先让大家看看这个看似平凡上班族的炯道与《只有你》所饰演的哲民，又是截然不同的感觉！

2011-08-29

今天的午餐

今天初次在新厨房制作了料理。今天的菜单："猪肉炖泡菜"，是利用猪肉和泡菜做出的辣味炖煮料理，志燮看起来相当满意的样子。

志燮：做得好吃的秘诀在于"彻底炖煮泡菜"。

2011-09-06

崭新的心情！

终于要公开志燮在新办公室的模样了！看到搬家后整理得干干净净的办公室，志燮很满意的样子。在崭新的办公室，有崭新的心情！

★新办公室是什么样子呢？

昨天的志燮……

《只有你》在首尔举办了观众试映会。电影开始之前，悄悄
去了一趟咖啡厅和导演聊天的志燮，好像有一点儿紧张哦？

注意！！"第16届釜山国际电影展"选定《只有你》为开幕电影。

韩国的秋夕

今天是韩国的秋夕，在韩文当中又称为中秋节（한가
위），"中"字的由来意指这是一年当中最为丰收的日
子。希望志燮和Kiki、Kato都能好好休息，好好享受一下
秋天的气息~

午后的时光

今天的狗仔队跟拍到了Kiki和志燮的
独处时光！享受着耀眼午后阳光的他
们，看起来真是幸福。受到满满关爱的
Kiki，也变得越来越可爱了呢。

休息的日子

今天要公开好久没做的"幕后志燮"！（虽然只是不久前的模样
^^;）志燮工作的时候，就全心投入在工作！休假时，就全心投
入在休息！不过今天，正！在！工！作！

Kato喜欢的地方

不知道从什么时候开始，就已经变成了凉风四起的秋天；不知道是不是因为感受到
季节的转换，Kato最近经常坐在窗边凝视着外面。志燮最近已经变成电影《公司职
员》里的炯道，过着相当忙碌的上班族生活呢！《只有你》将于10月在釜山进行首
映……有好多可以和各位见面的机会。不过在那之前，为了能让大家抢先看到《只
有你》，从30日（五）起将会接连公开《只有你》预告片，敬请期待～

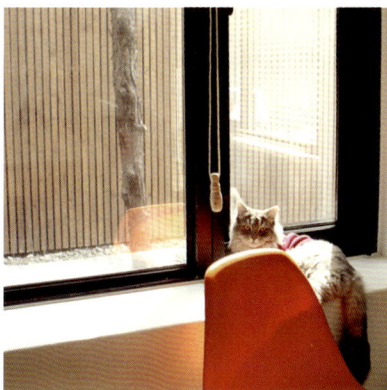

Q.请问志燮一天喝几杯咖啡呢？

A.一天一定会喝一杯。

Q.我是一个三十八岁的家庭主妇，有一个二十岁的大女儿，还有四岁的小女儿，总共有三男两女，五个孩子。志燮喜欢小孩吗？结婚以后想要生几个小孩呢？

A.我喜欢小孩，两个以上还不错，比较不会孤单^^

Q.想要知道志燮平常都是如何锻炼身体的呢？我们家老公很憧憬志燮的体格，请一定要告诉我☆

A.每天都做有氧运动，然后最近正在减少肌力训练；只要能持续做一百天的话，任何人都可以拥有好身材。

Q.天气越热，就变得好想吃冷面哦！志燮比较喜欢水冷面还是凉拌冷面呢？

A.凉拌冷面也不错，不过天气热的时候，会选冰凉的水冷面。

Q.志燮最近有没有想要挑战的料理呢？是什么样的料理？也请告诉我料理的样子！还是之后有什么想挑战的料理，也请一并告诉我。o(^-^)o

A.最近想要挑战的料理是参鸡汤，是很大的挑战。

Q.很喜欢听志燮的《雪之花》（"눈의 꽃"），现在还会哼些什么歌曲吗？

A.电台播放的时候，就会跟着哼哼唱唱。

2011-10-06

这里是釜山！

大家一定很好奇志燮今天的模样吧。稍后他才会再登场，敬请期待～

今天的志燮 @ 釜山

志燮再度登场了！因为电影《只有你》要在釜山进行首映，志燮好像也有点儿紧张……今天的志燮是这种感觉。（和导演来个两人特写^^）请大家多多支持志燮和《只有你》！

2011-11-02

志燮VS.Kato

好久没来办公室的志燮。不知道是不是因为太久没见了，Kato好像已经忘记主人了。有一点儿提防着志燮的Kato。

127

Sweet Jisub

对这只牛奶熊感到好奇的人，请
仔～细看清楚抓着牛奶熊的手哦！正
是志燮在今年白色情人节所拍下的照
片。甜蜜的糖果和可爱的牛奶熊～为
各位送上甜蜜的志燮^^

今年，心也在一起

来自各位的生日卡片已经平安抵达办公室了，也送到了刚刚进到办公室的志燮手
上。用心地读着一张一张信息的志燮。

"今年大家的心也和我在一起了，时时感谢！"——**苏志燮**

2011-11-24

《公司职员》炯道

韩国好像已经进入冬天了，变得好冷哦！听说（从新闻）首尔在星期二凌晨的时候，下了一点儿初雪；除此之外，志燮为了电影《公司职员》，每天都忙得不可开交，不久之前还拍了《公司职员》的海报。等一下！那个可爱的扇子，是谁的东西？该不会是志燮的吧？

2011-11-30

志燮的美国

越来越接近年末了，想必大家也收到了很多的邀请吧，我们要在这里为大家送上志燮眼里的美国。

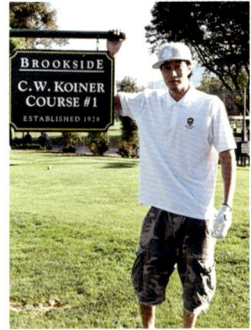

2011-12-02

要给志燮的料理呢？

杀青

电影《公司职员》终于杀青了～四个月左右的拍摄，就像走马灯一样，虽然拍摄的过程很辛苦，不过这是志燮会让大家印象深刻的一部作品吧！

2011-12-13

Kato和志燮

好久没到办公室的志燮，正在和Kato一起度过相亲相爱的时光。Kato看起来好像有一点儿难为情？

2011-12-24

微妙的三角关系

志燮被Kiki和Kato包围的爱情故事明年也会继续下去的！

SOJISUB MOBILE

2011-12-25

Merry Christmas！！希望大家都能和自己爱的人一起度过幸福的圣诞节~

Q. 志燮如果完成了工作，可以休假了，会想要做些什么？

A. 啊～好想去旅行。

Q. 志燮趁着宣传活动和拍摄工作来了一趟美国耶，待了几天呢？有没有打你喜欢的高尔夫球呢？

A. 大概十天，打了高尔夫球，还跳了伞^^

Q. 看了三次《只有你》(*^_^*)是一部让人看了想再看的电影。志燮会和朋友，或是自己去电影院吗？

A. 当然会去电影院^^经常都是自己一个人去。

Q. 志燮有吃过便当吗？请告诉我最喜欢便当的哪道菜？

A. 还没有吃过便当，不过以后很想去日本饶富韵味的乡下旅行一次。

Q. 会以什么样的标准衡量演出的作品呢？

A. 被作品当中的"某个场面"吸引了，立刻就能决定出演。

Q. 很注意自己身体健康的志燮，有没有每天一定要吃的食物呢？像我就会吃豆类制品☆好像对女生的身体特别有帮助……请志燮也说说你的是什么吧☆

A. 食物？我最近每天都一定会吃Omega-3和维生素。

卷 5

脚印

——幽灵

jī sub 2012

2012-01-06

迎接新年……

迟来的问候！祝大家新年快乐！用全新的心情，从事情很多的2011年，跨步迈向2012年吧！

2012-01-12

好好休息过后

志燮的近况带来了！在美国好好休息过后，回来了。久违地得到了充分的休息，真是太好了。2012年也一起努力吧！

Q.志燮比较喜欢肉还是海鲜呢？

A.以前比较喜欢肉，最近比较喜欢海鲜。

Q.志燮会觉得孤单吗？有很多兴趣的你，应该不会有这种感觉吧……

A.我也会觉得孤单，随着年纪而不同。

Q.2012年志燮会在什么地方？用什么方式迎接新年呢？

A.我在美国，慢慢地迎接新年。

Q.志燮有过睡不好的时期吗？有没有什么有效改善的方法可以告诉我。
　m(_ _)m

**A.我睡不着的时候，不会硬要勉强自己睡着，因为这样反而更会睡不着。等
　两三个小时过后变得疲倦时，就能入睡了。**

Q.在美国，志燮过什么样的生活呢？

A.打打高尔夫球，吃吃美食，很普通^^

2012-01-20

志燮在运动中？

偷偷拍下了才做完运动的志燮。热腾腾的照片！咔嚓！

2012-01-21

待机画面

喜欢51K的志燮。

2012-01-31

平安归来～！

上个星期志燮已经平安从泰国回来了。欢迎光临～在当地收到了许多影迷的爱，太好了^^希望电影也能在泰国大卖……

2012-02-10

点心时间

现在是办公室的点心时间！Kiki和Kato不坐好的话，就不会给你们吃的～

转换心情

今天要告诉大家一个可以稍微转换心情的方法。像志燮一样，利用各种素材和颜色的手环，以及不同粗细的戒指，试着做做多层次搭配。微小的变化，就能让今天的心情啦啦啦～

2012-03-05

春

大家好，最近迎面而来的暖风，让人有种春天近了的感觉。不过，在韩国有"春寒料峭"的说法，那就是在春天正式来临前，会有一段突然变冷的时期。大家要小心身体，别感冒。希望大家今天都能有个美好的"志燮日"。

2012-03-07

SONICe?

谢谢大家一直以来对志燮的支持。志燮的杂志《SONICe》要在韩国创刊了！这个月的14日就会在韩国发售。杂志会以相簿的形式，介绍志燮推荐的约会行程、料理、书籍等。

2012-03-09

这个，我喜欢！

志燮的新歌。韩国相当知名的Bobby Kim挎刀
演出，完成了相当厉害的歌曲。新歌会在14日
面世，敬请期待！

除此之外，还有办公室的近况，Kato好像很喜
欢箱子，刚才一直静静盯着工作人员作业呢！
让大家看看他那般可爱的模样！

2012-03-22

拍摄MV的现场

为了筹备歌曲、拍摄MV而忙碌不已的志燮。这个星期！就可以见面了！

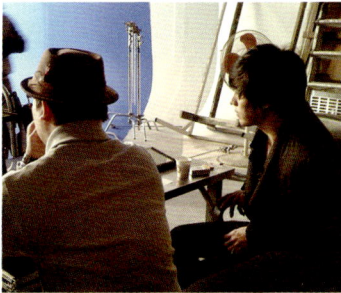

Q. 打扫、洗衣服、料理，都是志燮自己亲手做吗？三个当中，最喜欢哪一个(^^)?

A. 喜欢洗衣服和料理，不过打扫则是完全不会做。

Q. 在车上或飞机上的时候，喜欢做些什么？

A. 看电影或看书。

Q. 一提到泰国，我会想到酸辣汤、按摩和水上市场，志燮呢？除了电影节以外，还有没有在泰国玩些什么呢？

A. 稍微休息了一下，也吃了泰式酸辣汤。

Q. 今天举行签名会，志燮签名的时候心里都在想些什么呢？

A. 尽最大的可能看一看大家的眼睛。

Q. 首尔也很冷吗？天气冷的时候，都会想要吃一吃我喜欢的泡菜锅，如果可以和志燮一起的话……志燮最喜欢吃哪种锅呢？

A. 最近很喜欢吃清曲酱锅（将发酵的豆子磨碎后，再烹煮而成的锅类料理）。

143

终于到了今天！

昨天已经平安抵达日本了！站在久违的大家面前，志燮很是坐立不安呢！请大家期待今天的粉丝见面会吧~因为，马上就要见面喽……

1 st Stage结束

第一场结束了。志燮很适合穿无尾礼服（Tuxedo）呢。志燮的现场表演如何呢？希望大家都可以沉浸在志燮的色彩当中。为了志燮的第二场表演，先休息一下，很快就会整装完毕的；带着第一场的余韵，将会展现出更加帅气的模样。谢谢参与第一场的大家！敬请期待第二场表演吧！

今天，谢谢了！

托各位的福，今天的活动相当令人振奋！志燮也很喜欢^^真的很谢谢大家！那么就下次再见喽！

2012-03-30

平安返国以及惊喜活动

志燮已经回到韩国了。托各位的福，欢乐的签名会也顺利落幕了。真的很谢谢大家！这次得到一些自由活动时间的志燮，去了一趟这种餐厅！在哪里呢？

2012-04-03

偶尔……

4月天，竟然下雪了！真的很罕见呢！碰上这种罕见的情况，是不是该吃点儿点心呢？在这种日子吃一点儿平常因为顾虑卡路里而犹豫不决的东西，应该可以被原谅吧。所！以！和志燮一起享受午后的点心时光吧！

2012-04-10

永远都需要咖啡！

因为很喜欢咖啡，所以经常都会流连在咖啡厅。不过，除了喝咖啡之外，还会检查一下51K的独创料理，有一种"果然是志燮"的感觉～

51K

SOJISUB MOBILE

2012-04-13

今天进行第一次的拍摄工作。虽然有点儿紧张，不过能通过新作品和大家见面，很开心，也很兴奋。请期待我的新电视剧！谢谢大家。

2012-04-24

在北京

出席北京国际电影节。果然，无论在哪里都能闪闪发亮！《只有你》在中国也广受好评！

2012-05-02

黄金周！

假期过得还好吗？今天是周末，要拍戏的志燮，希望大家有个快乐的黄金周。

Q. 志燮一天当中心情最好、最喜欢的时间是几点？

A. 睡觉之前？

Q. 谢谢你带给我像做梦一样的见面会，我在东京尽情地玩了两天，也去了很多一直想要去的地方，志燮这次也去了很多地方吗？

A. 有一些自由活动时间，去了一趟生平第一次去的东京车站。

Q. 志燮谈恋爱的时候，和女朋友走在路上是属于勾手还是牵手的类型呢？虽然是很久以后的事情……还是希望可以听到志燮幸福的消息。

A. 很想要手牵手走在路上看看。

Q. Kato喜欢的东西或食物是什么呢？还有志燮叫他的时候会过来吗？

A. 叫Kato的时候，他只会……转过头。

Q. 我刚从韩国旅行回来，参观了《幽灵》的拍摄场地，留下了许多快乐的回忆。日本还看不到这部戏，真是遗憾。志燮是在哪里看的第一集呢？

A. 第一集是自己一个人在家里，集中精神把它看完。

Q. 志燮是会想很多的人吗？完全想象不到志燮想很多的模样……

A. 我属于想很多的类型。

2012-05-09

幽灵

最近的韩国变得超热！即便在这种天气之下，志燮仍然努力地扮演着刑警宇炫！

2012-05-17

这个星期在这里！

巡回演出终于要从明天开始展开了！这个星期先做了一轮场地勘查，现在的杨口真的很厉害，可以让人在一整片绿色之中，得到疗愈。为了这次巡回，所有的工作人员都拼命努力着！敬请期待~

2012-05-22

杨口，画廊开幕！

在大热天里过得还好吗？从去年开始准备的杨口头陀渊51K苏志燮画廊，终于在上周末正式开幕了。然后，也很谢谢大家。为了之后的51KM之路，要继续、继续努力下去。

《幽灵》的制作发表会

不久前举行了电视剧《幽灵》的制作发表
会。将会从下周开始进行拍摄工作，志燮，
是不是有些紧张呢……？志燮不是还有我们
吗~《幽灵》加油！志燮也加油:D

是今天了

终于！今天正是众所期待的志燮电视剧——《幽灵》，播映第一集的日子，已经开
始有些觉得★扑通扑通★了呢！现在正是需要大家支持的时候！

2012-06-06

日本首映会

志燮的电影《只有你》终于要在明天于日本首映了！好像昨天才刚拍第一场戏似的，但竟然已经是一年前的事了。想到哲民要站在大家的面前，希望大家多多关照哲民和静华了。

2012-06-07

好久不见！

来到日本了……首先，是工作！

2012-06-08

谢谢

顺利结束日程了！谢谢大家热情支持昨天的首映，志燮也感受到大家满满的鼓励，朝气蓬勃地回国了。

2012-06-20

网络警察！

现在首尔超热，看起来已经进入盛夏了呢！当中，担任网络警察的志燮，势必已经变成电脑神通了吧！

2012-06-27

在现场……

拍摄现场送来令人开心的照片，这是金宇炫组长的名牌！（啊，警察厅的东西应该是国家机密吧？ ^^）

2012-07-13

这种模样也……

韩国这个星期对电视剧《幽灵》的回响也相当热烈。很好奇下星期的剧情哦！然后，刚刚在以前的照片资料夹里发现了这个！是戏里的"朴奇永"和另一个模样的志燮呢！依据不同角色而改变模样，正是演员的魅力吧（不知道是不是因为志燮才有了这种感觉）。

Q.志燮去喝酒的时候会点些什么菜呢？我喜欢鸡肉串、炸物、生鱼片、烤秋刀鱼、虾料理等，也很喜欢豆芽菜炒牛肉和生海鲜。

A.按照不同的酒而有所不同。

Q.志燮在东京吃了"天下第一"的拉面，选择的是原味还是浓味呢？

A.我吃了有名的浓郁口味。

Q.志燮经常戴着酷炫的戒指，请问总共拥有多少枚戒指呢？通通都是自己买的吗？

A.不知道有多少枚~~大部分都是自己买的，也有很多是影迷送的。

Q.夏天的约会，会想要去海边还是水族馆呢？

A.凉快的海边！

Q.志燮除了谎话之外还有没有讨厌其他的东西？

A.除了谎话之外⋯⋯我非常讨厌自己或别人在约好的时间迟到。

Q.志燮要决定事情的时候，是属于说做就做的行动派，还是要左思右想后才行动呢？

A.在下决定之前，花很多的时间沉住气思考，一旦决定之后，就不会再犹疑，立刻付诸行动。

马上

炎炎夏日，终于要在下个星期播映最后一集了。有些长又有些短的两个月，突然要在下个星期揭晓整个故事的结局，不知为何有些落寞。不过，日本的《幽灵》马上就要开始了呢！请大家期待志燮的全新模样~

该给的时候就给

好久没来办公室的志燮，先喂了Kiki和Kato吃点心，人真好。

惬意的生活

韩国从这个星期开始，一扫原本的炎热，变得很凉爽，这个星期也是令人心情大好的呢！（真开心！）听说志燮结束电视剧的拍摄工作后，会稍作休息，沉淀一下。办公室的Kiki和Kato也已经充电完毕了。有没有觉得心情变得惬意起来了呢？那么，就让我们一起迎接新的季节吧！

2012-09-05

喜欢爽朗的你！

日本的各位，在夏季的尾声过得还好吗？在韩国，台风已经趋缓了一些，紧接而来的是清凉爽快的秋天。推荐一下适合这种天气的服装打扮：清爽的蓝色衬衫！爽朗的"志燮感"服装，恰恰适合这种清爽的天气吧。希望大家也能在日夜温差大的最近，帅气地穿上长袖衬衫。

2012-09-12

《公司职员》制作发表会

今天是志燮电影《公司职员》的制作发表会。马上就能见到在职业杀手公司上班的炯道了～敬请期待志燮的全新模样～

2012-09-19

志燮也喜欢的……

在韩国，一到秋天就会想到"天高马肥"＊，所以最近食欲猛地大增了许多。今天要跟大家介绍志燮也喜欢的小点心，不过，连志燮也喜欢的点心会是什么呢？

＊译注：意指秋高气爽的秋季气候。

155

刚才

各位，就是刚才！昨天平安抵达后，尽情享用了美味的晚餐^^

——苏志燮

KNTV《幽灵》试映会的访日行程

2012-9-25

抵达

抵达韩国了！

谢谢总是热情迎接我的大家！

——苏志燮

2012-10-05

好吃！

公布连志燮都喜欢吃的点心：炒年糕和冷面，以及肉饺子！任何时候吃，都很好吃吧～

2012-10-09

自由时间

不久之前在日本拍的照片。志燮大概已经很久没有自由地走在街上了吧！对了，今天有电影《公司职员》的VIP试映会哦！

2012-10-25

和久违的Kiki在一起！

虽然志燮到上个星期为止都在为了电影《公司职员》接受采访或进行亮相活动，相当忙碌……这个星期久违地在办公室吃了午餐。快乐的午餐时间，以及乖乖守在志燮身旁的Kiki，也为大家送上志燮原汁原味的微笑。

2012-11-02

Kiki，生日快乐！

上个星期五是51K吉祥物，也是志燮深爱的Kiki的生日！

2012-11-06

Kato或许……

捕捉到志燮和Kato久违的快乐时光！Kato……似乎
对男生比较没那么友善。

2012-11-14

冬天？

这个星期的韩国已经冷得像是冬天一样，而且听说昨
天晚上还下了初雪，想必很快也能听到日本下初雪的
消息吧！各位，一定要注意身体，别感冒喽~

Q. 想要问问志燮，房间的装潢是什么颜色呢？举例来说，像是窗帘、沙发之类的。

A. **主要的色调是褐色、米色和白色。**

Q. 好像在某个访谈中听过志燮说自己喜欢长发的女生，身高168厘米左右，到现在都没有变过吗？

A. **这是最近喜欢的类型~虽然不知道什么时候会变⋯⋯**

Q. 造访日本的时候，除了寿司之外还吃了些什么？

A. **第一次吃了大阪烧，还有在银座很有名的拉面店吃了日本拉面~**

Q. 以前曾经被你在东京车站的照片吓到，私底下会变装吗？会使用什么样的东西？

A. **不至于到变装的程度，大概就是戴戴帽子。**

Q. 志燮如果有了女朋友，会想要做些什么呢？挑一件事告诉我！不一定是最想要的。

A. **想要牵着她的手在路上走。**

Q. 日子过得很忙碌的志燮，累的时候会想要吃什么食物呢？

A. **炸酱面、泡面、炒年糕、炸鸡，而且还要是超辣口味。**

在日本的中秋节

今年粉丝见面会的照片。提起在日本的中秋节，想必志燮应该会想到生平第一次去的东京车站吧。敬请期待明年的见面会，志燮会以什么模样和大家见面呢^^

享用好吃的午餐

好久没有到办公室的志燮。吃了好吃的午餐，与Kiki、Kato度过了
快乐的时光。今天吃了辣炒猪肉片饭。2012年剩下没多少天了，
一直努力到最后吧！

调皮鬼

如同各位所知，Kato至今还没有向志燮撒过娇，看志燮一把抓住他前爪的样子。
哦～依然冷静的Kato。另一边，想必Kiki早已适应志燮的捣蛋了吧！

2012-12-20

菜包肉

这次要向大家介绍志燮推荐的料理：菜包肉，将猪肉和其他准备好的食材，比如泡菜或熟白菜，包在一起吃的料理。如果是食肉派的你，一定会深深爱上这道肉料理的！今天晚餐就吃这个吗？

Merry Christmas

Q. 志燮有喜欢的名言吗？还是座右铭？

A. Let's have fun and love life.

Q. 志燮好像在日本吃了寿司，那你最喜欢的口味是什么呢？有好好享用吗？

A. 我喜欢白身鱼寿司～～～很好吃^^

Q. 志燮经常要去很多的国家，应该已经很习惯整理行李了吧。有没有一定要带的东西？

A. 运动用品和书。

Q. 志燮是从什么时候开始一个人生活的？志燮选择离开父母，开始独立生活的契机是什么？

A. 模特儿身份出道后，就离开父母身边了。

Q. 告诉我任何一个你喜欢的东西！

A. 现在正值我喜欢的鱼当季，所以这个星期无论如何都要吃到它^^

Q. 下面五个选项当中，志燮会选择哪个"一星期"呢？吃也吃不胖的一星期、完全不会想睡的一星期、可以瞬间移动的一星期、可以变透明人的一星期、不被所有女生关注的一星期。

A. 可以瞬间移动的一星期。

166

卷 6

好久不见

——主君的太阳

카키

vyji sub 2013

2013-01-10

歌手志燮

祝各位新年快乐！希望大家今年也能和志燮一起度过美好的一年。此外，还有一个值得开心的消息，志燮将会再度以歌手的身份，推出专辑。亲自参与了作词的志燮，相当用心～

2013-01-25

拍摄PV的现场

志燮的新歌怎么样？描述离别时悲切的歌词令人印象相当深刻……即将重现歌词意境的PV。为大家送上在拍摄现场偷偷看到的志燮模样。

2013-01-31

平静的办公室

好久不见的办公室消息。Kato好像变胖了一些，所以现在都会控制他的食量，而Kiki还是如常健康，乖乖地守着办公室。

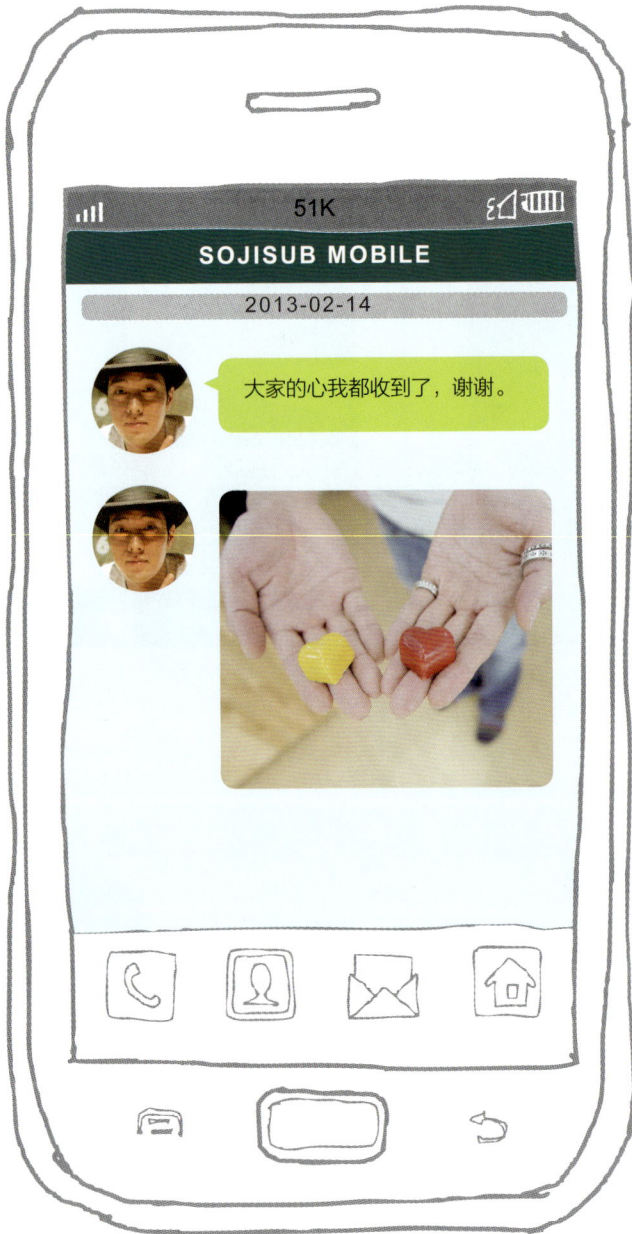

FANMEETING
IN TOKYO 2013

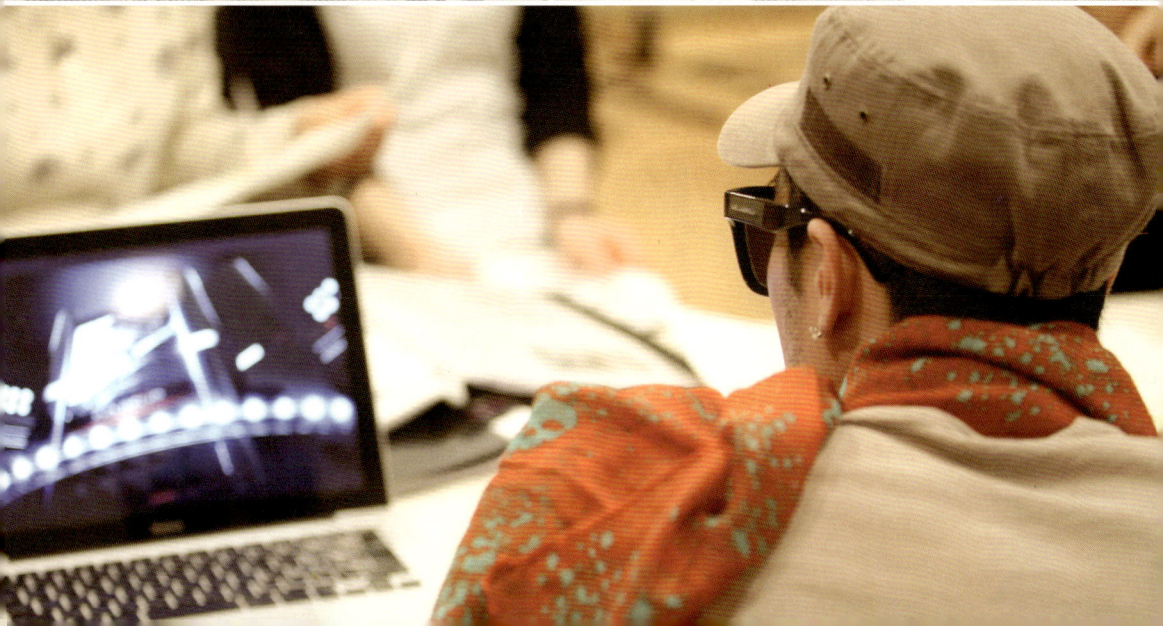

平安返国

昨天志燮已经平安回来了。无比热情的粉丝见面会，想必对志燮、对大家，都会是一段难忘的体验吧！真心谢谢大家一直这么温暖、热情的支持！

韩式蒸蛋

今天突然想跟大家介绍一道志燮喜欢的，大家又可以轻易在家里完成的料理！那就是韩式蒸蛋。

在大小适中的碗里，加入水、鸡蛋、盐（加一点儿牛奶的话，可以让口感变得更松软绵密），均匀搅拌后，放进微波炉四到五分钟，叮——完成！如此简单又厉害的料理！（按照个人口味不同，添加洋葱、葱、辣椒粉，也都很好吃^^）今天晚餐就借助"蒸蛋"感受一下志燮吧！

永远快乐的时光

大家好，和志燮一起的点心时间，永远都是最快乐的时光。

Q.最有自信可以做得很好的料理是什么？有什么料理的秘诀吗？

A.（韩式）大酱汤和清曲酱汤。

Q.志燮是个喜欢阅读的人，那么几天可以看完一本书呢？

A.专注的话，一天可以看一本；不然的话，也有可能得花上整一年的时间^^

Q.回家之后，第一件做的事是什么？

A.先洗澡。

Q.志燮是在几岁考到驾照的呢？现在也会经常自己开车吗？

A.我是1998年考到的，现在也会自己开车~

Q.第一次出国旅行是什么时候？和谁一起？去了哪里呢？请告诉我你的感想。

A.为了拍摄《Storm》，和承宪一起去了日本，可是完全没有观光到什么，我记得结束拍摄工作，就立刻回国了。

Q.志燮一直都可以轻松记住电视剧剧本和新歌歌词吗？

A.不算什么专长啦T–T

给志燮的爱

来自各位的情人节卡片，终于抵达51K的办公室了，谢谢大家！不过，很抱歉的是……其实现在志燮不在韩国，所以大家先看看Kiki和Kato吧！等到志燮回来之后，一定会切实转达各位的爱。

办公室消息

志燮在美国好好休息过后，已经回到韩国了。从现在开始，好像又要开始忙碌了。Kiki依旧乖乖地守着办公室，Kato也大改猫咪的风格，经常会在白天时间活动，或许是感受到春天的气息了吧！

SOJISUB MOBILE

2013-04-09

情人节卡片都收到了^^谢谢。

2013-04-18

春春春

这个星期是韩国赏花的高峰期，樱花持续绽放中……替志燮向大家传话："大家的心，也因为春风变得轻飘飘……了吗^^？"办公室的前面也开满了樱花。

2013-04-25

快乐的时光

可以慰藉各位日常压力的东西是什么呢？今天Kiki和Kato慰藉了志燮。（啊！还是相反呢……？）

2013-05-23

志燮NOW

志燮的新戏《主君的太阳》正相当顺利地准备中。志燮NOW！正在认真地读着剧本。

2013-06-06

现在是个机会！

马上就要投入新戏拍摄工作的志燮，最近……正在减肥中！如果有人也正下定决心要减肥，要不要和志燮一起挑战一下呢？（Kiki和Kato会监督大家的）希望大家都可以成功！加油！

2013-06-14

平安抵达！ 志燮用餐中

为《公司职员》访日的亮相活动。

Q.韩国人会用照片（全身照）装饰家里的墙吧。志燮的家里也挂吗？

A.我不太会在墙上挂照片装饰。

Q.我很喜欢看电视剧或电影，志燮都喜欢看什么类型的呢？如果有推荐的电影，也请告诉我。

A.我不太挑电影的类型，也经常看；以前看过一部叫作*ONE DAY*的电影，非常喜欢。

Q.志燮在电影院都一边看电影一边喝什么或吃什么呢？

A.我不太吃爆米花，偶尔会喝喝饮料。

Q.私底下去旅行的时候，是属于会事前拟订计划的人，还是随兴散步的人呢？或是会到了当地才开始想呢？

A.到了当地后，可以的话，最好什么都不要做^^

Q.志燮在美国必吃的东西是什么？

A.一定会吃汉堡^^然后尽可能不要在国外吃韩国料理。

Q.现在你想做的事情是什么，工作或私人行程都可以？等到天气热一点儿，我想要参加海边的烤肉派对！

A.我想要去露营。

Q.最近看到你和Kato的点心时间照，都觉得好开心哦！虽然Kato的表情很酷，却相当可爱，他生日是什么时候呢？因为Kiki姐姐不是有自己的生日吗？

A.Kato是4月15日到办公室来的，所以就把这天定为他的生日了。

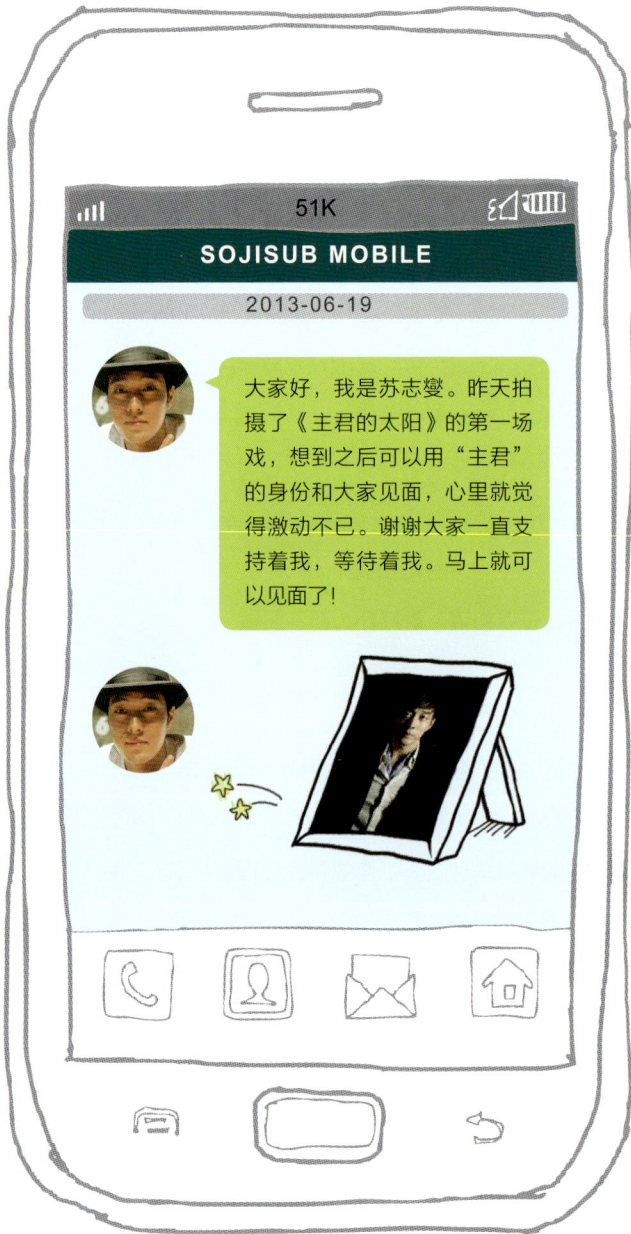

2013-07-03

梅雨

几乎每天都在拍摄电视剧，加上这次因为饰演富二代的角色，所以都要规规矩矩地穿上外套之类的装束，在这种天气！室外！外套也太过分了吧……所以志燮应该很希望可以在冷气声轰隆作响的地方进行拍摄工作吧。

2013-08-01

主君的办公室

这次让大家偷偷看一眼志燮，也就是主君工作的办公室，哇～原来有钱人就是这种感觉啊^^

Q. 志燮好像都亲手做早餐来吃，那个泡菜也是你自己做的吗？保存在冰箱里……？

A. 我不会自己腌泡菜。

Q. 志燮会点外卖吃吗？汤面或炒码面之类的^^

A. 我几乎不点外卖，炸酱面或炒码面之类的一年大概吃个两三次（？）。

Q. 去国外玩的时候，志燮也会每天做运动吗？

A. 尽量想做就做。

Q. 志燮开车的时候，也会变成另一个人吗？

A. 偶尔只有自己一个人的时候会^^

Q. 一直很憧憬韩国人用锅盖吃热乎乎泡面的样子。志燮会煮泡面吗？会的话，也是直接用锅子吃泡面吗？

A. 一年吃两到三次吧，我也是直接用锅子吃。

Q. 请问志燮除了荞麦面之外，这次还有什么喜欢的食物吗？

A. 中午吃了日式定食，我觉得豆腐料理也很好吃。

Q. 最近每天都在赖床，就算醒了也会在棉被里滚来滚去的，志燮也会吗？还是一睁开眼睛就会开始活动呢？有没有什么改善的方法？

A. 我一下子就会起床了。做做伸展操或喝杯冰水。

2013-08-08

工作中的主君！

期待已久的主君，终于在昨天出现了。我想，应该也有人在日本看见了吧。和志燮至今扮演过的所有角色截然不同。

2013-08-13

Sleeping Jukun

在韩国有一种"美人都是瞌睡虫（表示越睡越美丽）"的说法，看来美男也是如此呢。

2013-08-29

秋天的心情

这个星期的首尔，湿度低了一～些，只有看来耀眼的艳阳，热气已经趋缓了一些。原来是秋天到啦～志燮在大家的支持下，顺利地进行着拍摄工作。从上个星期开始，时不时出现的粉红泡泡，获得了许多女性观众的广大回响呢！

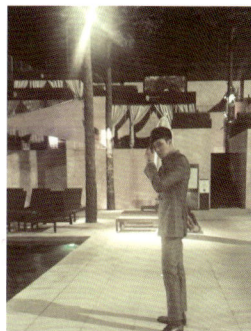

185

Q. 马上就是七夕了，志燮有什么愿望吗？

A. 看完这次的电视剧，会扬起幸福的微笑。

Q. 志燮有自己的脚踏车吗？平常会骑脚踏车吗？虽然你比较适合摩托车的装扮^^

A. 虽然有脚踏车，但是几乎没有骑的机会。

Q. 志燮经常在电视剧或电影里扮演家财万贯的人，那么你在现实生活当中也是一个经常储蓄的人吗？

A. 在能力所及的范围内，持续努力着。

Q. 没有看过志燮吃点心的照片，你曾经吃过点心吗？

A. 我有时候也会吃^^

Q. 志燮会在剧本上写东西吗？

A. 画画底线之类的（？）。

Q. 拍戏期间想必不能喝酒……但是会有很想喝的时候吗？喝醉的时候又是什么模样呢？想要看看喝醉的志燮～^^

A. 拍戏的时候不能喝，但是一结束就会想要赶快喝一杯；我喝醉的话，就会逃回家里。

Q. 结束电视剧的拍摄工作后，想要做什么？

A. 想要赖在家里，一个星期左右。

Q. 志燮早餐都吃什么？面包，还是饭？我很好奇！是会乖乖吃早餐的类型吗？

A. 饭、面包诸如此类的，只要在家^^就会吃！

Q. 志燮每天都很辛苦，现在想必忙得晕头转向吧！收工之后如果突然觉得"啊！好想吃那个哦"时，是会自己做来吃，还是会去外面吃呢？

A. 大部分都会自己做来吃。

好久不见！

志燮好久没有到办公室来了~虽然很想肆无忌惮地拍照，可是手却一直在发抖。总之，最重要的是志燮看起来很健康，那就放心了。主君！加油哦！

在拍摄现场

虽然是闲话一则，但是这个星期志燮的电视剧收视率急剧上升啊！虽然拍戏很辛苦，不过志燮看起来也很开心呢^^期待下周。

中秋节

凉风把心情吹得都变好的秋天来了。明天的中秋节是韩国的大节日，大家会在这天回到故乡，和许久不见的家人聚在一起，享用好吃的食物，还会去扫墓；不过，很可惜的是志燮因为要拍戏，所以可能没有时间过中秋节了……不如，就让大家替志燮过中秋节吧^^

PS.收到主君老板的名片了（对了，名片上的号码是临时号码啦）。

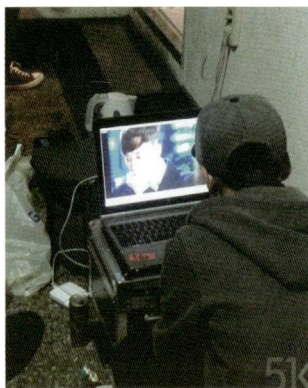

再见，主君

昨晚志燮的电视剧已经拍完最后一场戏了。虽然拍摄现场非常冷，但是演员、工作人员全部拼到最后，同心协力完成作品的样子，真的令人相当感动。那么，究竟故事的最后，两人会怎么样呢？敬请期待。

变回志燮

电视剧结束之后，以久违的"苏志燮"，而不是"主君"来到办公室的志燮。吃完满满是肉的小菜后，和Kiki度过了属于他们的时间，感觉志燮已经慢慢变回自己了。近来日夜温差变得比较大，大家一定要注意自己的身体哦！

Q.原来志燮会自己准备早餐啊……那么喜欢做料理的志燮，都是怎么买材料的呢？应该不是亲自去买的吧？

A.我会到附近的超市买。

Q.志燮有喜欢的香水吗？

A.我很喜欢女生香水里的水蜜桃味道。

Q.想要问志燮，学生时期有没有打过什么工？

A.在咖啡厅打过工。

Q.秋天是日本阅读风气盛行的季节，也是令人食欲大增的季节、适合运动的季节等，有许多与秋天相关的词语；志燮的秋天，又是怎么样的秋天呢？

A.可以尽情享受孤单、凄凉心情的秋天。

Q.听说志燮喜欢长发、个子高的女生^^现在还是如此吗？志燮有过一见钟情的经验吗？

A.是的，现在还是如此^^不过头发的长度不是那么重要，短发的话，留长就好了^^我没有一见钟情的经验。

Q.现在首尔的秋景一定很美吧。最近有吃些什么好吃的东西吗？我在首尔吃过的冷面很好吃！

A.全部都很好吃。因为拍戏的时候都在减肥，所以最近吃了很多东西。

Q.电视剧里的志燮喜欢苦味的咖啡，那么在现实生活里，志燮喜欢的咖啡是甜味还是苦味呢？比较偏哪一种？

A.基本上比较喜欢美式咖啡。有时候比较累的时候，会喝甜一点儿的咖啡。

2013-10-18

点·心

首尔这个星期下了一点儿雨，所以今天虽然很晴朗，但是空气里却有些寒意。志燮在享受久违的点心时间，炸鸡、炒年糕和血肠等，吃得很开心！

2013-11-06

收到了！

各位为了祝贺志燮生日所送来的卡片已经收到了！志燮不在的期间，都被Kiki偷看光光了～WOW！感觉今年写韩文的卡片变多了呢！谢谢大家！很快就会送到志燮手上的。

191

接触志燮！

"大家的卡片和爱心，总是能带给我快乐，谢谢大家。"

——苏志燮

Q. 除了试映会之外的时候，志燮私底下会去电影院看电影吗？会变装吗？

A. 我经常会去电影院看电影＾＾不会做什么特别的变装。

Q. 听说志燮很喜欢拉面，那你喜欢哪种口味的日本拉面？酱油？味噌？盐味？炸猪排？

A. 只要是日本拉面都喜欢，酱油、味噌、盐味、豚骨……全都喜欢，啊！除了太油的会有点儿……

Q. 饰演武赫时，恩彩的礼物（可爱的小花束），虽然是一份没能完成的心意，却是相当经典的一幕！志燮有收过女生的花吗？

A. 经常都有啊＾＾

Q. 在永远都很帅气的志燮眼中，"帅哥"是什么样的人呢？觉得自己接近那个形象吗？

A. 默默专注于自己工作的男人很帅气。

Q. 《主君的太阳》很好看，我看了好几遍(≧ ≦)剧中有志燮端正躺在床上睡觉的场面，现实生活中的你也是睡相很好的人吗？还是早上起床的时候会发现自己睡在奇怪的位置呢？

A. 睡觉的时候没有什么特别的习惯，倒头就睡。

Q. 之前提过关于香水的问题，这次想问你平常会喷的香水是自己喜欢的味道吗？还是按照心情不同而换味道呢？

A. 如果是特别的日子会先决定当天喷什么香水，平常的话，会按照心情的不同换味道。

用餐

好久不见的志燮模样^^这么冷的天就该好好享用暖乎乎的料理~希望大家注意自己
的身体状态，别感冒喽！

51K

SOJISUB MOBILE

2013-12-24

Merry Christmas～☆明年也请多多指教了。祝大家圣诞快乐!

Q. 志燮是会真情地对"她"说出"我爱你"的
人吗？我没有说出口的勇气，而且也觉得
很害羞……

A. 虽然会说"我喜欢你"，但是更常说"我想
见你"。

悠长假期

ji sub 2014-2015

Q.志燮今年想挑战什么？

A.比起新的挑战，我比较希望今年可以好好充实自己。

2014-01-09

今年也请多多指教了

2014年了~祝大家新年快乐！为了要让各位今年也多多关照志燮和手机日记，所以这次要鼓起勇气挑战捕捉志燮的正面。然而，却在那个瞬间把脸遮住的志燮！（真快！）为了迎接新年，头发剪短很多了呢！不知为何，反倒变回一个小少年了。

2014-01-17

最近~

之前志燮跑去打保龄球了，丢球的样子真是帅气^^不如，大家这个周末也去打保龄球吧！

2014-01-23

志燮的推荐

志燮的韩国料理小天地，今天要介绍充满胶原蛋白的猪脚。猪脚，如同字面一样，就是把煮熟的猪脚搭配生白菜或生菜一起吃的料理。依据店家不同，也会有辣味供客人选择，不过这次先吃没有调味的吧！来韩国的话，一定要尝试看看！

2014-01-29

和Kiki一起享乐！

这个星期的首尔，持续维持在零摄氏度以下的天气，这种冷到不行的日子，真是一点儿都不想出门呢！即便如此，还是散散步，到附近走走吧^^希望大家都能过得暖暖的～

2014-01-31

正月

今年也加油！祝大家新年快乐！希望大家都能健康快乐！——**苏志燮**

（今天是韩国的大节——春节）

2014-02-06

美好的一天！

2014-02-14

My water！

冬天真是一个既寒冷又干燥的季节啊！所以志燮最近开始随身带着My water了。听说这个瓶子可以装进足足两升的水啊～一天就该喝这么多水才行！大家也要多喝水哦！

Q.我住在盛产银鱼的地方。听说志燮喜欢吃鱼，那么喜欢什么样的鱼料理呢？也请推荐我怎么吃比较好吃？

A.超级超级喜欢^^银鱼当然要吃烤的！

Q.志燮喝酒的时候，一开始最喜欢点什么酒呢？也是啤酒吗？

A.先是生啤酒，然后是烧酒。

Q.志燮喜欢云霄飞车吗？

A.喜欢是喜欢，但是没有太多搭乘的机会。

Q.你喜欢喝粥吗？之前有韩国人在我们家附近开了一间店，我马上就去吃了，是蔬菜粥，很好吃！志燮你喜欢哪种粥呢？可以告诉我吗？

A.鲍鱼粥。

Q.志燮，恭喜你得到最佳演技奖(*^^*)最近开始深切感觉到自己青春不再、体力有下滑的现象，志燮会不会感觉到自己和二十几岁时有什么不同呢？

A.年纪只是数字！**最近受伤了，都不会马上痊愈。**

2014-02-21

志燮的文化生活

各位一定都很好奇志燮的休假日吧，听说志燮经常都会去电影院看戏哦！万一在电影院看到志燮，可别太惊讶哦。

2014-02-27

善意的谎言

3月的主题是"善意的谎言"，大家一定都曾经为了顾虑别人而说过没有恶意的善意谎言吧？白色情人节即将到来，大家一起来说说自己曾经说过的善意谎言吧。

★究竟大家的善意谎言……

natsu：我曾经不假思索地对着因为我迷上志燮而吃醋的老公说："志燮和你长得很像～所以我才喜欢上他的！"他随即露出不是太讨厌的样子，然而，事实上一点儿都不像……对不起！

mama：我说出善意谎言的对象是我老公，有时候在他买回来当作礼物的甜点当中，其实有一些是不合我口味的，但是我总是会对他说："'真的'超好吃的，谢谢。"当了这么久的夫妻，如果老是想到什么就说什么，其实是会引起很多口角的；一想到甜点是他特地了为了我而买的，就觉得应该要心存感激，所以实在无法诚实说出自己的想法。不过，无论我亲手制作或买些什么给老公时，他都只会说出"嗯……"实在令我很伤心(;_;)。

203

首尔，晴

这个星期的首尔风势强劲，相当寒冷。不过这也表示春天即将到来啦！大家的这个星期又是怎么样的一周呢？忙着拍摄广告等工作的志燮，应该过得相当有意义。祝大家有个幸福、快乐的周末。

2014-03-14

Happy Happy！

Happy White Day! ——苏志燮

Q. 如果要在冬天去旅行，会选择温暖的地方，还是更冷～的地方呢？会在那里做些什么？我想要强忍寒冷，去看看极光^^

A. 冬天的时候，想要去温暖的地方，睡在沙滩上。

Q. 志燮逛街的时候，是属于果断的人，还是要考虑很久的人呢？

A. 先想好需要的东西，然后去了直接就买。

Q. 很喜欢志燮又大又漂亮的手，会觉得自己的手很大吗？手大有什么好处吗？

A. 自己没怎么意识到这件事，是大家告诉我才知道的。**手大没有什么特别的好处**^^

Q. 想要知道志燮的最新消息，工作也好，刚刚吃了什么也好，想要了解此刻的志燮。

A. 今天（3 / 19）中午吃了菜包肉！

Q. 志燮喜欢什么花?

A. 现在没有特别喜欢哪一种花，就是喜欢花。

Q. 志燮晚上睡觉的时候会开灯吗？还是黑漆漆的呢？

A. 完～全漆黑一片！

April Fool's Day！

今天是愚人节。为了迎接愚人节，志燮决定来个迎春大扫除？！大家一起来说说关于自己的愚人节故事吧。

Kato！

送上这两个人（？）久违的对望模样。和Kato的关系似乎还有一些疏远？之前有听过Kato跳上志燮膝盖的传闻。Kato啊～好好关照一下志燮吧！

一起玩！

今天Kato得到了很多的疗愈吧……^^想必志燮也从Kato身上得到了鼓舞。

2014-06-05

在干吗？

前天收到了志燮热腾腾的近况消息。可是，这是
在哪里？他在做些什么呢？

2014-06-13

最近的志燮

台湾、神户、横滨的粉丝见面会近在眼前！志
燮和见面会的工作人员正在用心准备着^^真想
快点儿见到大家～

2014-06-20

午餐，大口吃

今天午餐吃了烤肉！Kiki超级羡慕地看着志燮
^^可是，不能给你吃哦，Kiki！

Q.将来结婚的时候，希望第一个小孩是男生还是女生呢？

A.儿子或女儿都好。

Q.志燮会看自己主演以外的韩国电视剧或韩国电影吗？

A.电视剧的话，几乎都会看个一两集；韩国电影倒是看得很多。

Q.志燮经常都要搭飞机，那么你都会在飞机上做些什么呢？

A.看电影或看看书、剧本。

Q.很想要吃"杂菜"，所以晚餐的时候自己动手做来吃了，志燮有没有偶尔
想吃的日本料理呢？

A.提到日本料理，绝对是拉面！拉面^^

Q.志燮的房间有观叶植物吗？不能常浇水不会很麻烦吗？

A.有四五盆！

Q.日本正值梅雨季，志燮喜欢雨吗？下雨天会做什么呢？

A.我喜欢雨，如果不用拍戏，下雨天会在家喝喝韩国传统米酒（막걸리）。

Q.不用工作的夜晚，不会想要自己喝一杯吗？现在喜欢啤酒、香槟、烧酒
中的哪一种呢？东京越来越热，真的好想喝一杯冰凉的香槟，Veuve
Clicquot最棒了！志燮喜欢吗？

**A.不用工作的夜晚，很想自己喝一杯！经常都会在这种天气，喝一点儿冰凉
的啤酒。**

Q.现在想象一下，如果女朋友到家里来玩的话……志燮会下厨吗？一起做料
理吗？会做什么料理？请告诉我最近做过的料理或是简单方便的料理。

A.我会想要下厨，菜单依据当下的情况有所不同。

2014-06-27

这里!

这里是台湾!台湾耶!

2014-07-03

大家好,我是苏志燮。亚洲巡回表演已经开始了,请大家期待见面的那天,也准备好和我一起玩吧!

——苏志燮2014.7.1

2014-07-17

今天早上的志燮!

出发!

抵达!

志燮的访日行程。

抵达神户!

看见塔了。

昨晚的志燮 @ 日本

这种炎炎夏日,

当然少不了冰激凌。

彩排中,再等一下就可以见面了~

结束神户见面会

神户，谢谢！

我也觉得很开心！

——苏志燮

抵达东京

尝试了铁路便当！

抵达东京！

接下来是，横滨！

神户，再见～

2014-07-21

彩排中，横滨见！

结束横滨的粉丝见面会，

感谢各位热情的支持。

——苏志燮

2014-07-22

回国

回家了，

那是一段很幸福的时光，

谢谢大家。

——苏志燮

这次是？

志燮平安抵达泰国了！

偷偷地

谢谢日本粉丝热情的支持！志燮和Soul Dive都说他们觉得很幸福。志燮最近在放一点儿小假。为了满足大家对他放假都在做些什么的好奇心，特地送上一张从他后面偷拍的照片，虽然我没有办法指明这是哪儿^^总之，他是去了这个地方喽～

2014-08-06

现在是，香港！

今天是香港见面会的日子，而志燮正在进行彩排，要让再远也能听得见！期待大家的应援。

213

Hong Kong Clear！

顺利结束了，

接下来是上海。

现在的志燮！

志燮现在在新加坡，将会在今天举办亚洲巡演的最后一场，接下来就是在首尔的最终场见面会了！请大家拭目以待~请多多指教了！

马上就要开始了！

现在正在彩排中！

2014-08-26

现在的首尔

炎热的暑气好像已经告一段落了，今天开始下起了雨。韩国南边的釜山等地，因为暴雨肆虐，出现了一些灾情，不过志燮和Kiki、Kato都很平安。（请不用担心！）这个星期要到首尔参加见面会的大家，记得要好～好～注意天气预报哦！

2014-08-30

Coming Soon！

马上要见面了！

From Jisub

谢谢，那是一段很幸福的时光。

I remember U!

——苏志燮

Q. 志燮好像很喜欢日本的荞麦面？是凉的荞麦面吗？

A. 这次下定决心既要吃热荞麦面也要吃冷荞麦面，所以两种都吃了^^

Q. 志燮喜欢海吗？会想要在那里做什么呢？我想要在海边听着海浪声放声唱歌。

A. 我喜欢海！喜欢在海边静静地散步。

Q. 志燮好像也在东京街头散步了，有没有买什么礼物送给自己？

A. 有，买了几顶自己要戴的帽子。

Q. 志燮喜欢什么日本料理呢？这次又吃了些什么呢？

A. 大部分都很喜欢吃，不太挑。这次没能吃到纳豆荞麦面，只吃了几次很普通的东西^^

Q. 这次到日本来，有没有初次体验了什么？从来没有去过任何人见面会的我，第一次去了志燮在横滨的见面会。谢谢你带给我那么美好的回忆。天气持续炎热，亚洲巡演加油！以后也会一直支持你的。

A. 去了神户很有名的豆腐店，第一次吃到豆腐涮涮锅！啊！神户的牛肉也是第一次吃。

Q. 新干线旅行如何？也是第一次搭吗？在新干线上做了什么？

A. 对，我第一次搭新干线；在新干线上和Soul Dive讨论了歌曲。

Q. 抵达神户后吃的冰激凌是什么口味？好吃吗？喜欢的冰激凌口味是什么？

A. 我很喜欢冰激凌，但是不太吃；那天吃的是葡萄口味。

Q. 谢谢志燮给了我一场最棒的见面会！这么紧凑的工作行程，你去哪里观光了吗？有在中国台湾、泰国或是其他地方留下什么特别的印象？

A. **泰国和中国台湾因为没什么时间，所以没有出去走走；在神户的时候，有一点儿自由时间，所以去了临海乐园散散步^^**

Q. 亚洲巡演辛苦了！会不会很累？终于到了让人食欲大开的秋天，志燮喜欢吃肉吧，我也喜欢。你是喜欢牛肉、猪肉，还是鸡肉呢？最喜欢什么料理方式呢？我喜欢猪肉，最喜欢吃炸猪排。

A. **是的，我喜欢吃肉^^提到肉类，当然是猪五花！**

Happy Time

Kiki给了总是很忙、很累的志燮一份大礼，一个满溢情意的拥抱！想必志燮彻底被疗愈了吧。

2014-10-02

这个是～什～么?

志燮今天正在进行拍摄工作。（不过，这个样子是在拍什么？）今天的首尔下了雨，天阴阴的，那就用晴朗、快乐的心情面对一切吧。

2014-10-10

散步

这么好的天气，散个步吧。

2014-10-23

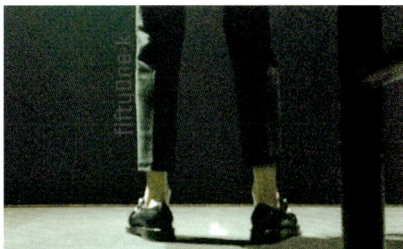

久违的晴天

秋天也好，10月也好，甚至今年也好，好像都要悄悄地结束了。今年，因为志燮的亚洲巡演而变得炽热，想必对各位，对志燮，都留下了难以忘怀的回忆吧。

2014-10-31

品茶时间

最近冷到不行了，经常都会想要喝一杯热乎乎的茶吧～之前志燮喝了柚子茶，大家今天要不要也喝杯柚子茶呢？

2014-11-07

两个人还是……

如果各位最近觉得好像没怎么看到志燮和
Kiki的两人世界……哇～两个人依旧相亲相
爱呢。

2014-11-11

来自志燮的Thank you message

送上志燮看到来自各位的生日祝贺照后，所拍摄的感谢短片。

2014-11-13

在济州岛进行拍摄工作

志燮正在济州岛进行拍摄工作；济州岛是韩国相
当闻名的美景观光地，敬请期待志燮在如此壮丽
的地方所拍摄的影片吧。

222

愉快的周末！

网络剧《好日子》的拍摄工作已经接近尾声了，希望志燮和大家都能有个恬静的
周末……

御寒对策

虽说今年冬天比去年温暖一点儿，但是冬天还是冬天！Kato和志燮都全副武装，乖
乖穿上冬天的衣服了。大家也要做好御寒工作哦～

Q.志燮在秋天是喜欢喝红酒或白酒，还是气泡葡萄酒？哪一国的酒呢？

A.夏天的时候，会喝白酒，还有香槟~~最近因为天气有点儿凉，所以有点儿想要喝红酒。白酒的话会选新西兰的Cloudy Bay，红酒的话会选澳洲的Two Hands。

Q.有点儿突然，想问志燮喜欢蛋黄还是蛋白？我喜欢蛋黄。

A.只要是鸡蛋都喜欢！几乎都是煎来吃。

Q.志燮在电视剧或电影当中都有游泳的镜头，很帅气！专家的水准就不用多说了，那么志燮私底下也会在夏天的时候游泳吗？会在游泳池还是海边？

A.平常很喜欢游泳，但是没有办法经常去……大部分都是在游泳池游。

Q.志燮现在喜欢听什么样的音乐？

A.最近是Adele的*Rolling In The Deep*。

Q.志燮也有过喝到酩酊大醉的程度吗？

A.我的话，很会喝~~如果喝醉了，会自己回家，所以没有这种经验。

Q.志燮一天当中在做什么的时候觉得最幸福呢？人生当中又是在什么时候会感到幸福呢？

A.我也会在一些小地方觉得很幸福；结束一天的工作，回到床上时，很幸福。

健康的一餐

志燮吃了自己亲手料理的烤豆腐和泡菜，享用了相当健康的一餐。希望大家也能度过一个美味、快乐的星期五～

永远和平共处^^

今年已经是Kato到办公室来的第四年了，和我们、Kiki都是完全不同的种族，但是很奇怪，所有人都可以像家人般相处得很愉快～希望Kiki和Kato都能一直很健康，乖乖陪在志燮的身边。

冬天的问候

Merry Christmas and Happy New Year. ——苏志燮

新年的年糕汤

（虽然晚了一点儿……）全新的2015年开始了！祝大家新年快乐！虽然一般而言在韩国是以阴历计算正月，下个月才是新年……不过，心里已经开始过新年了耶~所以，志燮也为了迎接新年吃了年糕汤。希望志燮今年也可以度过快乐的一年……

Happy New Year ~★

羊卡片！

各位都寄贺年卡了吗？为大家奉上承载着志燮情意的卡片~

拍摄中！那Kiki和Kato呢？

志燮今天正在为Marmot进行拍摄，另一方面（好久不见的）Kiki和Kato依然守护着办公室^^Kiki做了新的造型，Kato不知为何心情看起来很好~

Q. 志燮喜欢和情人牵手、勾手还是搂着肩膀走路呢？

A.我的话，喜欢牵手。

Q. 志燮如果感冒的话，会喝或吃什么吗？

A.天气冷的时候，我会推荐柚子茶。

Q. 志燮的方向感好吗？去哪里都可以顺利地走到目的地吗？

A.方向感有是有，但是会迷路。

Q. 如果要从事农业的话，你要种什么？蔬菜？水果？粮食？喜欢啤酒的话，
还是会选大麦呢？

A.蔬菜、水果吧（？）。

Q. 志燮想要在自己的结婚典礼上播放哪首歌呢？

A.比起自己喜欢听的音乐，我会选择播放新娘想要听的歌。

Q. 要让志燮从冬天的服饰当中，例如暖手套或是围巾等，挑选出一样不可或
缺的东西，会是什么呢？或是独具时尚感的东西又是什么呢？

A.帽子和手套还不错吧。

Q. 虽然志燮应该都在健身房做运动，那你家也有运动器材吗？

A.不算是运动器材，只有一些可以方便在家健身的用具ˆˆ

Q. 为了亚洲巡演去了很多国家的志燮，有没有在哪里吃到什么觉得"这个很
好吃！"的料理呢？(*ˆˆ*)

**A.中国台湾的麻婆豆腐、新加坡的辣椒蟹！日本从一开始就觉得什么都很好
吃～**

2015-01-30

志燮的蜡烛

这个星期持续都是晴朗的天气呢！虽然有点儿冷，不过却是会让人心情变好的凉爽气息^^切入正题，听说从去年开始流行的蜡烛风，志燮也经常使用哦！想知道志燮用什么香味？"各式各样的味道都会点，不过大致上都是花香。"志燮答道。精油蜡烛可以有效缓解压力，在睡前点上的话，还能帮助睡眠哦～大家也试试看吧～

2015-02-06

消除压力的大绝招！

一眨眼，已经来到星期五了。这个星期，又是怎么样的一周呢？这个星期是立春，感觉寒意已经大幅趋缓了呢～为这个星期累坏了的大家和Kiki，送上志燮的"啾～"希望大家都可以度过一个开心、快乐的周末～

2015-02-19

正月

这一周在韩国是（旧历）正月，所以分散在各地的人们会趁着这个机会一起返乡。那么，志燮的正月计划又是什么呢？偷偷问了一下，果然是要回父母家。（果然！）再一次！祝各位新年快乐！希望大家都能和家人们一起度过快乐的时光～

229

闲暇

春寒料峭的最近，大家都在做些什么呢？Kiki和Kato无论闲暇的时候，还是繁忙（？）的时候，都屹立不动地守着办公室！那么，志燮呢？在办公室是这种模样？捕捉到了！经常都在看剧本或书的志燮，这次是在阅读小说^^大家说说自己最近都在看些什么书吧。

吃了核桃

昨天志燮乖乖吃了核桃~一定有人脑海中浮现出"乖乖？""核桃？""为什么？"~昨天是正月十五；在韩国，从很久以前开始，人们为了不让脸上长麻子，每到正月十五的凌晨就有了食用核桃、栗子、花生等食物的习俗。为了让今年也能顺顺利利，大家这一周也要吃一吃核桃之类的食物哦！

等待春天

去年的3月也是这么冷吗？这个星期好像会持续维持在零下的样子，今天的风也吹得很猛啊！大家会不会一边说着"好冷、好冷"，一边就蜷缩成一团了呢？（Kiki和Kato正是如此）一起做做伸展操吧！

SOJISUB MOBILE

2015-03-14

希望大家度过充满爱的一天!

图书在版编目（CIP）数据

苏志燮：陪你每一天/韩国51K企划（51 BOOKS）

著；王品涵译.—北京：北京联合出版公司，2016.9

ISBN 978-7-5502-8057-1

Ⅰ.①苏…Ⅱ.①韩…②王…Ⅲ.①苏志燮—生平

事迹—摄影集Ⅳ.①K833.126.578-64

中国版本图书馆CIP数据核字（2016）第148048号

北京市版权局著作权合同登记号 图字：01-2016-3410号

2008.06–2010.01＿Staff by Yoshi

2010.02–2015.03＿Staff by Nico

苏志燮：陪你每一天

作　　者：韩国51K企划

译　　者：王品涵

出 品 人：唐学雷

责任编辑：侯娅南

内文排版：刘龄蔓

北京联合出版公司出版

（北京市西城区德外大街83号楼9层　100088）

小森印刷（北京）有限公司印刷　新华书店经销

字数100千字　700毫米×990毫米　1/16　印张15

2016年9月第1版　2016年9月第1次印刷

ISBN 978-7-5502-8057-1

定价：52.80元

귀여워T^T♡

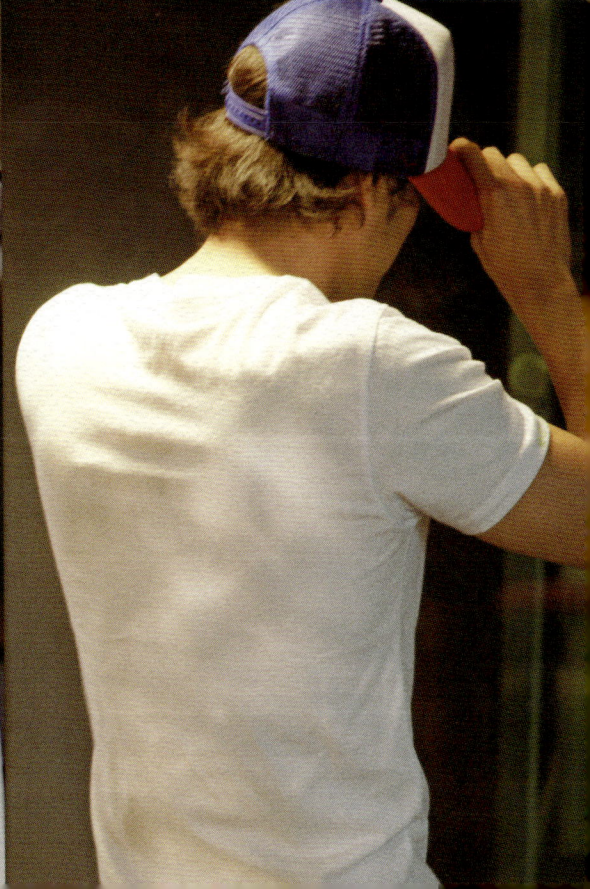

(ﾟДﾟ)＝

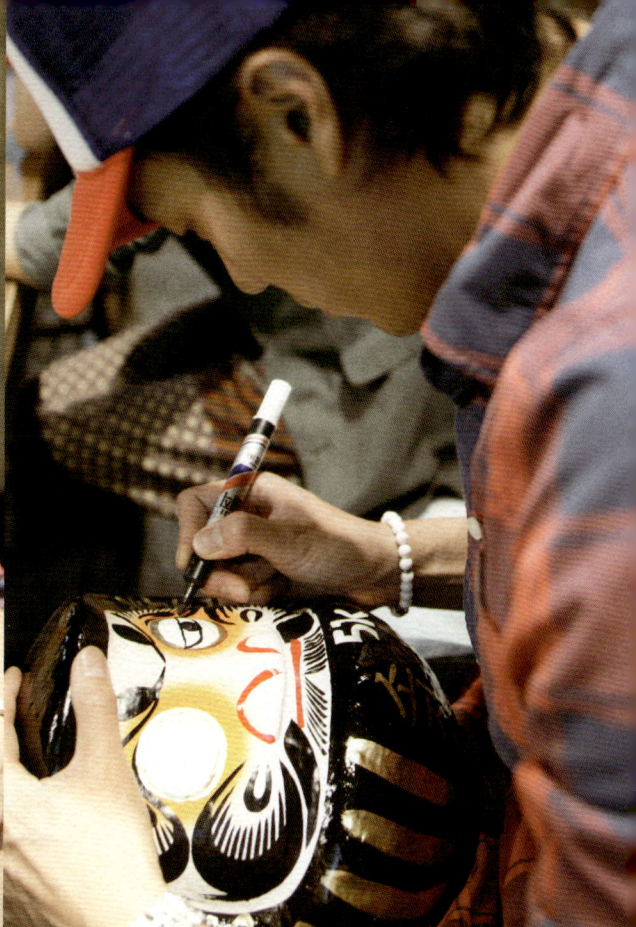

Delicious

너가~
귀게입니다.

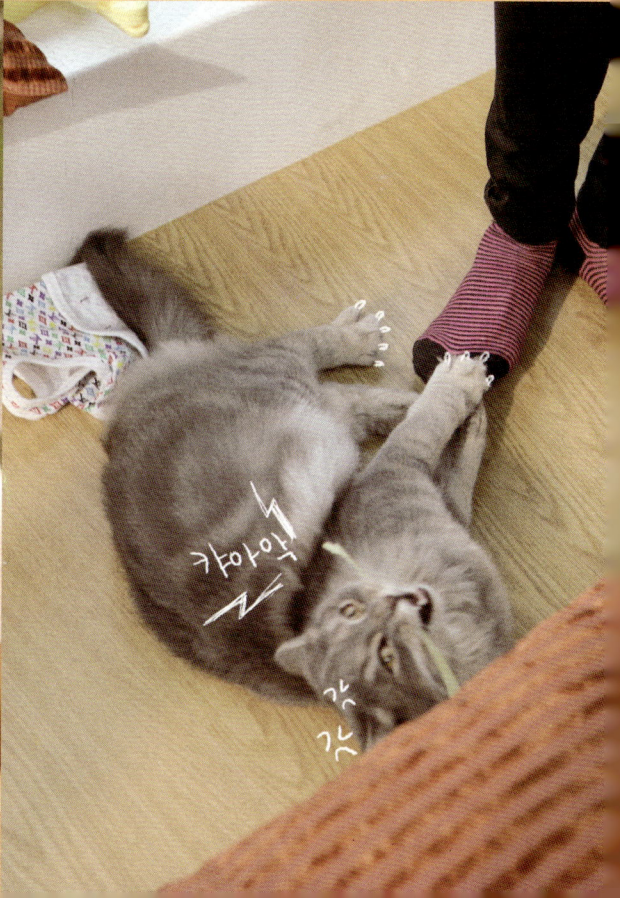

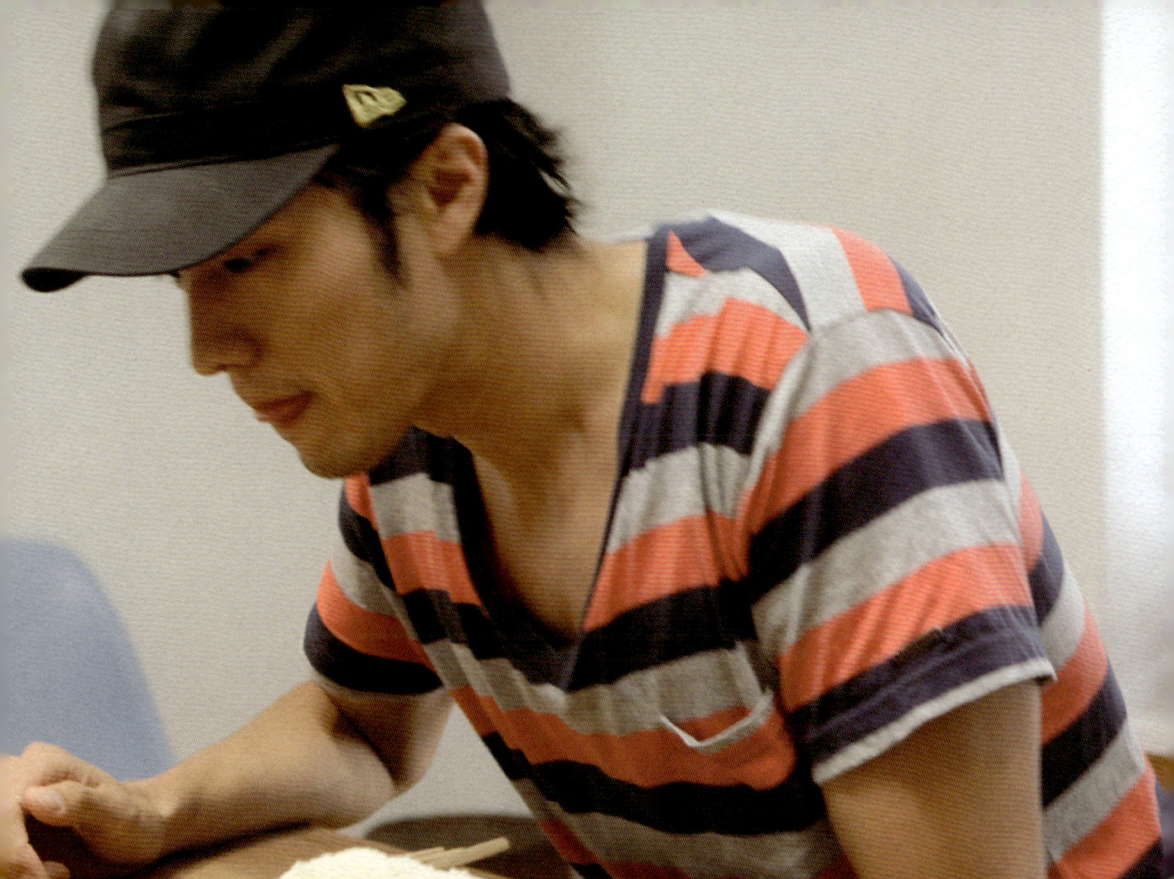

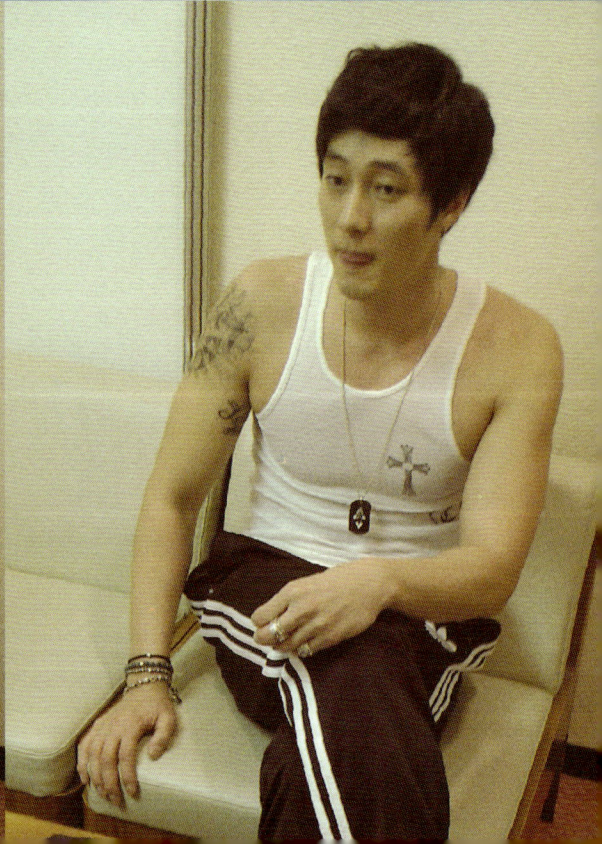